国家出版基金项目
NATIONAL PUBLICATION FOUNDATION

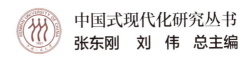

中国式现代化研究丛书

张东刚　刘　伟　总主编

现代化新征程中的数字经济

李三希　著

中国人民大学出版社
·北京·

图书在版编目（CIP）数据

现代化新征程中的数字经济/李三希著 . -- 北京：
中国人民大学出版社，2025.1. --（中国式现代化研究
丛书/张东刚，刘伟总主编）. -- ISBN 978-7-300
-33322-9

Ⅰ. F492

中国国家版本馆 CIP 数据核字第 2024PM0958 号

国家出版基金项目

中国式现代化研究丛书

张东刚　刘　伟　总主编

现代化新征程中的数字经济

李三希　著

Xiandaihua Xin Zhengcheng zhong de Shuzi Jingji

出版发行	中国人民大学出版社			
社　　址	北京中关村大街 31 号	邮政编码	100080	
电　　话	010 - 62511242（总编室）	010 - 62511770（质管部）		
	010 - 82501766（邮购部）	010 - 62514148（门市部）		
	010 - 62515195（发行公司）	010 - 62515275（盗版举报）		
网　　址	http://www.crup.com.cn			
经　　销	新华书店			
印　　刷	涿州市星河印刷有限公司			
开　　本	720 mm×1000 mm　1/16	版　　次	2025 年 1 月第 1 版	
印　　张	14 插页 3	印　　次	2025 年 1 月第 1 次印刷	
字　　数	154 000	定　　价	84.00 元	

中国式现代化：
强国建设、民族复兴的必由之路

　　历史总是在时代浪潮的涌动中不断前行。只有与历史同步伐、与时代共命运，敢于承担历史责任、勇于承担历史使命，才能赢得光明的未来。2022 年 10 月，习近平总书记在党的二十大报告中庄严宣示："从现在起，中国共产党的中心任务就是团结带领全国各族人民全面建成社会主义现代化强国、实现第二个百年奋斗目标，以中国式现代化全面推进中华民族伟大复兴。"2023 年 2 月，习近平总书记在学习贯彻党的二十大精神研讨班开班式上发表重要讲话进一步强调："概括提出并深入阐述中国式现代化理论，是党的二十大的一个重大理论创新，是科学社会主义的最新重大成果。中国式现代化是我们党领导全国各族人民在长期探索和实践中历经千辛万苦、付出巨大代价取得的重大成果，我们必须倍加珍惜、始终坚持、不断拓展和深化。"习近平总书记围绕以中国式现代化推进中华民族伟大复兴发表的一系列重要讲话，深刻阐述了中国式现代化的一系列重大理论和实践问题，是对中国式现代化理论的极大丰富和发展，具有很强的政治性、理论性、针对性、指导性，对于我们正确理解中国式现代化，全面学习、全面把握、全面落实党的二十大精神，具有十分重要的意义。

现代化是人类社会发展到一定历史阶段的必然产物，是社会基本矛盾运动的必然结果，是人类文明发展进步的显著标志，也是世界各国人民的共同追求。实现现代化是鸦片战争以来中国人民孜孜以求的目标，也是中国社会发展的客观要求。从1840年到1921年的80余年间，无数仁人志士曾为此进行过艰苦卓绝的探索，甚至付出了血的代价，但均未成功。直到中国共产党成立后，中国的现代化才有了先进的领导力量，才找到了正确的前进方向。百余年来，中国共产党团结带领人民进行的一切奋斗都是围绕着实现中华民族伟大复兴这一主题展开的，中国式现代化是党团结带领全国人民实现中华民族伟大复兴的实践形态和基本路径。中国共产党百年奋斗的历史，与实现中华民族伟大复兴的奋斗史是内在统一的，内蕴着中国式现代化的历史逻辑、理论逻辑和实践逻辑。

一个时代有一个时代的主题，一代人有一代人的使命。马克思深刻指出："人们自己创造自己的历史，但是他们并不是随心所欲地创造，并不是在他们自己选定的条件下创造，而是在直接碰到的、既定的、从过去承继下来的条件下创造。"中国式现代化是中国共产党团结带领中国人民一代接着一代长期接续奋斗的结果。在新民主主义革命时期，党团结带领人民浴血奋战、百折不挠，经过北伐战争、土地革命战争、抗日战争、解放战争，推翻帝国主义、封建主义、官僚资本主义三座大山，建立了人民当家作主的新型政治制度，实现了民族独立、人民解放，提出了推进中国式现代化的一系列创造性设想，为实现现代化创造了根本社会条件。在社会主义革命和建设时期，党团结带领人民自力更生、发愤图强，进行社会主义革命，推进社会主义建设，确立社会主义基本制度，完成了中华民族有史以来最广泛而深刻的社会变革，提出并积极推进"四个现代化"的战略目标，建立起独立的比较完整的工业体系和国民经济体系，在实现什么样的现代化、怎样实现现代化的重大问题上作出了宝贵探索，积累了宝贵经验，为现代化建设奠定了根本政治前提和宝贵经验、理论准备、物质基础。在改革开放和社会主义建设新时期，党团结带领人民解放思想、锐意进取，实现了新中国成立以来党的历史上具有深远意义的伟大转折，确立党在社会主义初级阶段的基本路线，坚定不移推进改革开放，开创、坚持、捍卫、发展中国特色社会主义，在深刻总结我国社会主义现代化建设正反两方面经验基础上提出了"中国式现代化"的命题，提出了"建设富强、民主、文明的社会主义现代化国家"的目标，制定了到 21 世纪中叶分三步走、基本实现社会主义现代化的发展战略，让中国大踏步赶上时代，为中国式现代化提供了充满新的活力的体制保证和快速发展的物质条件。进入中国特色社会主义新时代，以习近平同志为核心的党中央团结带领人民自信自强、守正创新，成功推进和拓展了中国式现代化。我们党在认识上不断深化，创立了习近平新时代中国特色社会主义思想，实现了马克思主义中国化时代化新的飞跃，为中国式现代化提供了根本遵循。明确指出中国式现代化是人口规模巨大的现代化、是全体人民共同富裕的现代化、是物质文明和精神文明相协调的现代化、是人与自然和谐共生的现代化、是走和平发展道路的现代化，揭示了中国式现代化的中国特色和科学内涵。在实践基础上形成的中国式现代化，其本质要求是，坚持中国共产党领导，坚持中国特色社会主义，实现高质量发展，发展全过程人民民主，丰富人民精神世界，实现全体人民共同富裕，促进人与自然和谐共生，推动构建人类命运共同体，创造人类文明新形态。习近平总书记强调，在前进道路上，坚持和加强党的全面领导，坚持中国特色社会主义道路，坚持以人民为中心的发展思想，坚持深化改革开放，坚持发扬斗争精神，是全面建设社会主义现代化国家必须牢牢把握的重大原则。中国式现代化理论体系的初步构建，使中国式现代化理论与实践更加清晰、更加科学、更加可感可行。我们党在战略上不断完善，深入实施科教兴国战略、人才强国战略、乡村振兴战略等一系列重大战略，为中国式现代化提供坚实战略支撑。我们党在实践上不断丰富，推进一系列变革性实践、实现一系列突破性进展、取得一系列标志性成果，推动党和国家事业取得历史性成就、发生历史性变革，特别是消除了绝对贫困问题，全面建成小康社会，为中国式现代化提供了更为完善的制度保证、更为坚实的物质基础、更为主动的精神力量。

思想是行动的先导，理论是实践的指南。毛泽东同志深刻指出："自从中国人学会了马克思列宁主义以后，中国人在精神上就由被动转入主动。"中国共产党是为中国人民谋幸福、为中华民族谋复兴的使命型政党，也是由科学社会主义理论武装起来的学习型政党。中国共产党的百年奋斗史，也是马克思主义中国化时代化的历史。正如习近平总书记所指出的："中国共产党为什么能，中国特色社会主义为什么好，归根到底是马克思主义行，是中国化时代化的马克思主义行。"一百多年来，党团结带领人民在中国式现代化道路上推进中华民族伟大复兴，始终以马克思主义为指导，不断实现马克思主义基本原理同中国具体实际和中华优秀传统文化相结合，不断将马克思关于现代社会转型的伟大构想在中国具体化，不断彰显马克思主义现代性思想的时代精神和中华民族的文化性格。可以说，中国式现代化是科学社会主义先进本质与中华优秀传统文化的辩证统一，是根植于中国大地、反映中国人民意愿、适应中国和时代发展进步要求的现代化。中国式现代化理论是中国共产党团结带领人民在百年奋斗历程中的思想理论结晶，揭示了对时代发展规律的真理性认识，涵盖全面建设社会主义现代化强国的指导思想、目标任务、重大原则、领导力量、依靠力量、制度保障、发展道路、发展动力、发展战略、发展步骤、发展方式、发展路径、发展环境、发展机遇以及方法论原则等十分丰富的内容，其中习近平总书记关于中国式现代化的重要论述全面系统地回答了中国式现代化的指导思想、目标任务、基本特征、本质要求、重大原则、发展方向等一系列重大问题，是新时代推进中国式现代化的理论指导和行动指南。

大道之行，壮阔无垠。一百多年来，党团结带领人民百折不挠，砥砺前行，以中国式现代化全面推进中华民族伟大复兴，用几十年时间走过了西方发达国家几百年走过的现代化历程，在经济实力、国防实力、综合国力和国际竞争力等方面均取得巨大成就，国内生产总值稳居世界第二，中华民族伟大复兴展现出灿烂的前景。习近平总书记在庆祝中国共产党成立100周年大会上的讲话中指出：“我们坚持和发展中国特色社会主义，推动物质文明、政治文明、精神文明、社会文明、生态文明协调发展，创造了中国式现代化新道路，创造了人类文明新形态。”我们党科学擘画了中国式现代化的蓝图，指明了中国式现代化的性质和方向。党团结带领人民开创和拓展中国式现代化的百年奋斗史，就是全面推进中华民族伟大复兴的历史，也是创造人类文明新形态的历史。伴随着中国人民迎来从站起来、富起来再到强起来的伟大飞跃，我们党推动社会主义物质文明、政治文明、精神文明、社会文明、生态文明协调发展，努力实现中华文明的现代重塑，为实现全体人民共同富裕奠定了坚实的物质基础。中国式现代化是马克思主义中国化时代化的实践场域，深深植根于不断实现创造性转化和创新性发展的中华优秀传统文化，蕴含着独特的世界观、价值观、历史观、文明观、民主观、生态观等，在文明交流互鉴中不断实现综合创新，代表着人类文明进步的发展方向。

从国家蒙辱到国家富强、从人民蒙难到人民安康、从文明蒙尘到文明复兴，体现了近代以来中华民族历经苦难、走向复兴的历史进程，反映了中国社会和人类社会、中华文明和人类文明发展的内在关联和实践逻辑。中国共产党在不同历史时期推进中国式现代化的实践史，激活了中华文明的内生动力，重塑了中华文明的历史主体性，以面向现代化、面向世界、面向未来的思路建设民族的、科学的、大众的社会主义文化，以开阔的世界眼光促进先进文化向文明的实践转化，勾勒了中国共产党百余年来持续塑造人类文明新形态的历史画卷。人类文明新形态是党团结带领人民独立自主地持续探索具有自身特色的革命、建设和改革发展道路的必然结果，是马克思主义现代性思想和世界历史理论同中国具体实际和中华优秀传统文化相结合的产物，是中国共产党百余年来持续推动中国现代化建设实践的结晶。习近平总书记指出："一个国家走向现代化，既要遵循现代化一般规律，更要符合本国实际，具有本国特色。中国式现代化既有各国现代化的共同特征，更有基于自己国情的鲜明特色。"世界上没有放之四海而皆准的现代化标准，我们党领导人民用几十年时间走完了西方发达国家几百年走过的工业化进程，在实践创造中进行文化创造，在世界文明之林中展现了彰显中华文化底蕴的一种文明新形态。这种文明新形态既不同于崇尚资本至上、见物不见人的资本主义文明形态，也不同于苏联东欧传统社会主义的文明模式，是中国共产党对人类文明发展作出的原创性贡献，体现了现代化的中国特色和世界历史发展的统一。

中国式现代化是一项开创性的系统工程，展现了顶层设计与实践探索、战略与策略、守正与创新、效率与公平、活力与秩序、自立自强与对外开放等一系列重大关系。深刻把握这一系列重大关系，要站在真理和道义的制高点上，回答"中华文明向何处去、人类文明向何处去"的重大问题，回答中国之问、世界之问、人民之问、时代之问，不断深化正确理解和大力推进中国式现代化的学理阐释，建构中国自主的知识体系，不断塑造发展新动能新优势，在理论与实践的良性互动中不断推进人类文明新形态和中国式现代化的实践创造。

胸怀千秋伟业，百年只是序章。习近平总书记强调："一个国家、一个民族要振兴，就必须在历史前进的逻辑中前进、在时代发展的潮流中发展。"道路决定命运，旗帜决定方向。今天，我们比历史上任何时期都更接近中华民族伟大复兴的目标，比历史上任何时期都更有信心、有能力实现这个宏伟目标。然而，我们必须清醒地看到，推进中国式现代化，是一项前无古人的开创性事业，必然会遇到各种可以预料和难以预料的风险挑战、艰难险阻甚至惊涛骇浪。因而，坚持运用中国化时代化马克思主义的思想方法和工作方法，坚持目标导向和问题导向相结合，理顺社会主义现代化发展的历史逻辑、理论逻辑、实践逻辑之间的内在关系，全方位、多角度解读中国式现代化从哪来、怎么走、何处去的问题，具有深远的理论价值和重大的现实意义。

作为中国共产党亲手创办的第一所新型正规大学，始终与党同呼吸、共命运，服务党和国家重大战略需要和决策是中国人民大学义不容辞的责任与义务。基于在人文社会科学领域"独树一帜"的学科优势，我们凝聚了一批高水平哲学社会科学研究团队，以习近平新时代中国特色社会主义思想为指导，以中国式现代化的理论与实践为研究对象，组织策划了这套"中国式现代化研究丛书"。"丛书"旨在通过客观深入的解剖，为构建完善中国式现代化体系添砖加瓦，推动更高起点、更高水平、更高层次的改革开放和现代化体系建设，服务于释放更大规模、更加持久、更为广泛的制度红利，激活经济、社会、政治等各个方面良性发展的内生动力，在高质量发展的基础上，促进全面建成社会主义现代化强国和中华民族伟大复兴目标的实现。"丛书"既从宏观上展现了中国式现代化的历史逻辑、理论逻辑和实践逻辑,也从微观上解析了中国社会发展各领域的现代化问题;既深入研究关系中国式现代化和民族复兴的重大问题,又积极探索关系人类前途命运的重大问题;既继承弘扬改革开放和现代化进程中的基本经验,又准确判断中国式现代化的未来发展趋势;既对具有中国特色的国家治理体系和治理能力现代化进行深入总结,又对中国式现代化的未来方向和实现路径提出可行建议。

展望前路,我们要牢牢把握新时代新征程的使命任务,坚持和加强党的全面领导,坚持中国特色社会主义道路,坚持以人民为中心的发展思想,坚持深化改革开放,坚持发扬斗争精神,自信自强、守正创新,踔厉奋发、勇毅前行,在走出一条建设中国特色、世界一流大学的新路上,秉持回答中国之问、彰显中国之理的学术使命,培养堪当民族复兴重任的时代新人,以伟大的历史主动精神为全面建成社会主义现代化强国、实现中华民族伟大复兴作出新的更大贡献!

前　言

　　数字经济的定义到目前为止有多个版本，这些版本大同小异。其中，国家统计局颁布的《数字经济及其核心产业统计分类（2021）》中对数字经济的定义，参考了 G20 杭州峰会提出的《二十国集团数字经济发展与合作倡议》以及《中华人民共和国国民经济和社会发展第十四个五年规划和2035 年远景目标纲要》（以下简称"十四五"规划纲要）等政策文件，准确地反映了数字经济的本质。其对数字经济的定义如下："数字经济是指以数据资源作为关键生产要素、以现代信息网络作为重要载体、以信息通信技术的有效使用作为效率提升和经济结构优化的重要推动力的一系列经济活动。"

　　"十四五"规划纲要中，将加快数字化发展和建设数字中国概括成四个方面，分别是数字经济、数字社会、数字政府和数字生态。其中，数字经济包括数字技术、数字产业化和产业数字化，数字社会包含智慧公共服务、智慧城市、数字乡村以及数字生活，数字政府涵盖公共数据共享共用、政务信息化共建共用以及政务服务智能化数字化，数字生态包括完善的数据要素市场和规范有序的政策环境。"十四五"规划纲要全面覆盖了数字化的方方面面，客观反映了数字经济与数字化的内涵。

本书将遵循"十四五"规划纲要的基本逻辑，不仅涵盖"十四五"规划纲要中数字经济的部分，还涵盖数字社会、数字政府和数字生态等部分。因此，本书书名中的数字经济，可以理解为广义的数字经济。我们将全面回顾我国在数字化发展和数字中国建设过程中的努力和取得的成就，总结在此过程中碰到的问题和挑战，并有针对性地提出相应的政策建议，希望对未来中国数字经济的发展提供有意义的借鉴。

作者非常感谢中国人民大学的信任，感谢写作过程中各位同事同仁的讨论和支持，尤其特别感谢中国人民大学学生武玙璠、蒋冬雪、李嘉琦、陈煜、朱婷、罗丽娟、曾茂霞、孙昊、张明圣、王泰茗、张仲元、王雅楠在本书写作过程中付出的辛苦助研劳动。

目　录

185 ▶ **第七章**
总结与展望

206 ▶ **参考文献**

|||||||||||||||||||||||| 导　论 ||||||||||||||||||||||||||

一、全面发展数字经济的时代意义

全面发展数字经济已经上升为国家重大战略。在党的十九大报告中，习近平总书记做出了"数字经济等新兴产业蓬勃发展"的科学判断，同时提出了利用创新技术建设数字中国的战略部署。随后，在 2018 年的 G20 峰会上，习近平主席指出世界经济数字化转型是大势所趋，同时强调了数字经济背景下教育和就业培训的重要性。2019 年《政府工作报告》又明确指出，要"深化大数据、人工智能等研发应用，培育新一代信息技术、高端装备、生物医药、新能源汽车、新材料等新兴产业集群，壮大数字经济"。2021 年，在中共中央政治局第三十四次集体学习时，习近平总书记再次强调，数字经济正在成为重组全球要素资源、重塑全球经济结构、改变全球竞争格局的关键力量。在谈及如何发展数字经济，充分把握新一轮科技革命和产业变革新机遇时，习近平总书记进一步指出，要加强关键核心技术攻关，促进数字技术与实体经济深度融合，赋能传统产业转型升级，同时加快新型基础设施建设，充分发挥海量数据和丰富应用场景优势，催生新产业新业态新模式，并不断规范完善数字经济治理体系，做强做优做大我国数字经济。2022 年，党的二十大报告再次明确，要加快建设网络强国、数字中国。2023 年，《数字中国建设整体布局规划》正式发布，明确提出要按照"2522"的整体框架进行布局，夯实数字中国建设基础，全面赋能经济社会发展，强化数字中国关键能力以及优化数字化发展环境。由此可见，全面发展数字经济，是新时代推进和拓展中国式现代化、迈向中国式现代化道路新征程上的重要任务，是建设现代化经济体系、构筑国家竞争新优势的关键所在，具有重大的时代意义。

第一，全面发展数字经济，有助于为新发展阶段经济增长提供新动能。中国信通院发布的《中国数字经济发展白皮书（2020年）》指出，在2020年，我国数字经济占GDP的比重已经达到38.6%，规模高达到39.2万亿元。以人工智能、区块链、云计算、大数据为代表的数字技术，与实体经济深度融合，推动着新一轮的技术与产业革命。数字经济正全面融合渗透到传统产业中，推动传统农业、工业和服务业转型升级，重构市场结构和生态，催生新产业、新业态和新模式，显著提高全要素生产率，同时降低市场摩擦，提高市场运行效率，为经济增长提供新动能。在2020年全球疫情防控过程中，世界各国更是感受到了数字技术与实体经济深度融合所带来的巨大效益，纷纷从国家层面制定大力发展数字经济的规划与政策。大力发展数字经济，有利于中国抢占全球产业竞争制高点。

第二，全面发展数字经济，有助于全面贯彻新发展理念。新发展阶段必然要求经济社会发展的重心从以前的粗放式高速增长转向以新发展理念为指导的高质量增长，而发展数字经济有助于这一目标的实现。

发展数字经济有助于贯彻创新发展理念。首先数字经济发展的底层核心技术代表着科学技术的前沿。数字技术的核心层包括半导体、通信技术（CT）、信息技术（IT）、智能硬件。半导体广泛应用于芯片、光电子、人工智能等领域，是核心层的基石；信息技术包含人工智能、区块链、云计算、大数据技术；最新的通信技术包括基于4G和5G开发的相应技术；智能硬件则是硬件的智能化，是未来硬件创新的主要方向。发展数字经济，势必意味着我国未来会在数字技术核心层进行大量投入，以增强我国在数字技术核心层的自主创新能力。此外，数字技术的广泛使用还能助力其他领域的研发，提高我国的综合创新能力。比如，人工智能在科研中的深度应用能够推动科学研究向数据密集型范式转变，从而提高科研效率，降低科研成本，缩短科研周期，加速科研成果的工程化和产业化。

发展数字经济有助于贯彻协调发展理念。数字经济将交易服务转移到虚拟空间，从而打破了地理区域空间的限制，更有利于区域的协调发展和城乡的协调发展。北京大学发布的报告《数字经济助力中国东西部经济平衡发展——来自于跨越"胡焕庸线"的证据》通过严谨的数据分析发现，通过资金网络、信息网络和物流网络的普及，数字经济突破了"胡焕庸线"，缩小了东西部经济发展差距，更好地实现了区域的协调发展。此外，过去许多偏远乡村地区的很多高质量的农产品受限于信息的不通畅，无法商品化，农业收益无法实现。农村电商的发展解决了这一供需双方的信息摩擦问题，助力乡村振兴，更好地实现了城乡的协调发展。

发展数字经济有助于贯彻绿色发展理念。数字经济的去物质化本身就降低了社会经济活动对资源与能源的消耗。数据作为重要生产要素进入生产函数后，将提升其他生产要素的边际生产率，更好地促进生产要素之间的协调，从而产生提质增效的效果，降低资源与能源的消耗。共享经济如共享汽车的兴起，大大提升了闲置资源的利用率，增强了节能减排效果。智慧城市建设可以通过智能交通缓解城市拥堵，通过智能空调、智能照明降低设备能耗。数字技术还可以帮助完善碳排放交易机制，提高碳排放管理效率。最后，数字技术可以帮助将生态产品、生态环境价值化，提高生态经济的可持续发展能力。

发展数字经济有助于贯彻开放发展理念。在反全球化浪潮汹涌的今天，利用好数字技术，可以更好地实现中国的对外开放。互联网创立的初衷，就是要实现开放，突破地区和国别的限制，让整个地球更紧密地联系在一起。跨国的经济贸易活动也因为数字技术的存在而变得更为方便。跨境电子商务在开放中扮演着越来越重要的作用。据海关统计，2020 年通过海关跨境电子商务管理平台验放进出口清单 24.5 亿票，同比增长 63.3%。跨境电商进出口 1.69 万亿元，同比增长 31.1%。

发展数字经济有助于贯彻共享发展理念。数字经济带来的效率提升并不会被所有人所共享。事实上，数字经济发展还有可能带来一些不平等，比如数字技术的发展必然会淘汰掉一些就业机会，数字技术的特性也有可能造成垄断问题，数字鸿沟和数字时代劳动者的保障问题也一直存在。但是，只要引导数字经济朝正确的方向发展，就有助于实现成果的共享。这里举三个例子。其一，农村电商的兴起，在增加农民收入、促进农业产业化方面发挥了重要作用，让更多农民收益。其二，科技金融的兴起，能更好地解决中小企业融资中的信息不对称问题，缓解中小企业融资难的矛盾，让更多小微商户受益。其三，所有以虚拟形式存在的数字产品，由于边际生产成本为零，通常能够以极低的价格，甚至免费提供给消费者，比如大家常用的即时通信服务、搜索服务以及各种视频类产品等。

第三，全面发展数字经济，有助于构建新发展格局。鉴于国际形势的转变，我国面临的外部环境日趋严峻，不确定性和不稳定性上升，因此必须构建以国内大循环为主体、国内国际双循环相互促进的新发展格局。

发展数字经济有助于拉动内需，帮助形成国内大循环。从需求端来看，数字经济降低了消费者的购物成本，让购物不再受时间和空间的限制，增强了消费意愿。此外，数字经济提高了匹配效率，让消费者能更好地找到自己需要的产品，从而提高了边际消费倾向。从生产端来看，数字技术有助于企业采取个性化定制方式柔性化生产，从而提高供给侧质量，更好地满足消费者的需求。数字技术还催生了大量的新业态，如直播经济、线上办公、互联网医疗等，促进了人们消费理念的升级，同时也培养了新的消费习惯。此外，数字经济有助于打通生产、分配、流通、消费各个环节，从而充分利用国内超大市场的规模优势。

把数字经济发展延伸到国内外经济合作，还有助于外循环的高质量发展。数字技术有利于国内外产业链上下游企业的整合，有利于生产要素和资源的高水平融合。"一带一路"合作网络的构建、跨境电子商务的开展、远程跨国办公的可能性，将会促进数字贸易和国内产业融合发展，有助于构建高质量的外循环。

二、全书章节结构关系概览

2021年第十三届全国人大四次会议通过的《中华人民共和国国民经济和社会发展第十四个五年规划和2035年远景目标纲要》（"十四五"规划纲要）中，数字经济单独成篇，"加快数字化发展，建设数字中国"被列为"十四五"时期国民经济和社会发展的重要任务之一。具体而言，"十四五"规划纲要共用一篇四章的篇幅为未来的数字化发展指明了发展思路和具体抓手，包括打造数字经济新优势、加快数字社会建设步伐、提高数字政府建设水平以及营造良好数字生态。而打造数字经济新优势又是这四项工作中的重中之重，新优势的形成与巩固需要加强关键数字技术创新应用、加快推动数字产业化以及推进产业数字化转型。基于此，本书共分七章，前六章从经济学的角度分析政府制定"十四五"规划的理论依据和现实考虑，在对当前数字经济发展形势进行研判的基础上，挖掘未来发展面临的机遇和挑战，并给出相应的政策建议，最后在第七章对全书进行总结。本书亦可作为对"十四五"规划纲要中数字经济部分的解读。为便于读者阅读，列出本书各章间关系图以供参考（见图0-1）。

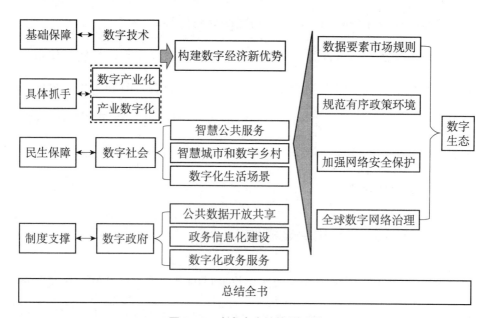

图 0-1　本书内容结构关系图

第一章

现代化新征程中的数字技术创新

数字技术创新是数字经济发展的基础，是数字化深层次转型的核心力量，能够推动我国数字产业化和产业数字化发展，推动数字经济和实体经济深度融合，助力供给侧结构性改革，推动经济高质量发展。本章将详细梳理我国数字技术创新的现状，分析数字技术的发展趋势及其所面临的问题和挑战，并就如何加快我国数字技术创新给出相关政策建议。

◄◄◄ 第一节 ►►►

我国数字技术创新的发展现状

信息化协同创新专委会在 2020 年的《数字经济核心科技深度报告：AI＋5G 是数字时代通用技术平台》① 中对我国数字技术做了非常详细的论述。本章主要参考这个报告，结合其他资料，主要从国际对比的角度对我国数字技术的发展现状做全面总结。《数字经济核心科技深度报告：AI＋5G 是数字时代通用技术平台》认为数字经济的核心技术主要包括半导体、通信技术（CT）、信息技术（IT）、智能硬件。本书在此基础上增加以数字孪生为代表的其他技术，这些核心技术是支撑数字经济发展的基座。半导体作为最基础的计算存储硬件单元，广泛应用于芯片、光电子、人工智能等领域，是

---

① 信息化协同创新专委会 . 数字经济核心科技深度报告：AI＋5G 是数字时代通用技术平台 [R/OL]. （2020 - 10 - 14）[2020 - 11 - 25]. https：//www.sohu.com/a/424733218 _ 781358.

电子工业与数字经济的基石。以 5G、物联网为代表的通信技术是数字经济的链接渠道，发挥着数据传输的功能。而以人工智能、云计算与区块链技术为代表的信息技术是数字经济的核心，决定了数字企业的数据收集、计算处理能力，决定了数字企业的价值创造能力。智能硬件（包括手机、PC、可穿戴设备等）相当于数字经济的"网络神经末梢"，实现用户与数字企业的交互。除此之外，数字孪生等其他技术也愈加受人重视，其以数字方式为物理对象创建虚拟模型，对实现信息技术与智能制造的融合极为重要（见图 1-1）。

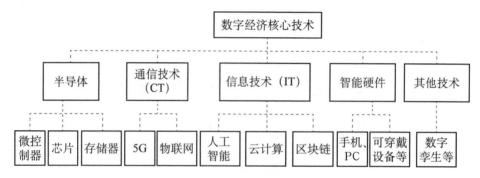

图 1-1 数字经济核心技术构成

核心技术的掌握情况是决定互联网企业能走多远的关键因素。我国在数字技术创新方面取得了巨大的成绩，在 AI 应用、5G、硬件制造等方面处于领先水平，在信息技术方面取得了不错的成绩，但是在核心技术上与国际领先水平还存在一定差距，而在半导体、数字孪生方面，我国与世界领先水平还存在巨大差距，存在"卡脖子"的问题。

一、通信技术：5G 与物联网处于全球领先水平

（一）5G 通信：5G 全产业链全球领先，但需警惕未来卫星互联网颠覆 5G 优势

通信技术是云平台的"神经网络"，用于数据传输，而数据的传输速

率、容量、时延与安全性直接影响平台的发展。我国通信技术的迭代升级速度非常快，目前 5G 建设和物联网接入已经走在了世界前列。

5G 通信技术具有高连接速率、超短网络延时、海量终端接入、高安全性等优点，其高效的网络利用效率支持海量智能终端的通信需求，可重塑平台接入层，实现万物互联。5G 的发展也将改变传统的计算与存储模式，极大地强化用户上云趋势，并带来各种新应用与新硬件，比如 5G＋AI＋AIot 等系列智能网络产品。

我国的 5G 建设目前已经实现了全产业链的反超领先。从标准制定与专利技术来看，我国华为、中兴与三大运营商等企业强势参与 5G 标准制定，在专利数量上领先。根据德国 IPlytics 公司发布的报告，截至 2020 年 1 月，中国公司在 5G 专利族的申请数上占 33%，领先于世界，但在核心的标准必要专利上，中国还略显不足，尤其是高通的 LDPC 编码技术，取得了移动宽带控制信道的长短码标准认定，奠定了其重要地位。

从通信基础设施建设角度看，我国人均移动基站数约为美国的 5 倍，基站建设全面领先。工信部发布的《2020 年通信业统计公报》显示，截至 2020 年年底，全国移动通信基站总数达 931 万个，全年净增 90 万个；新建 5G 基站约 58 万个，基站总规模在全球遥遥领先，全部已开通 5G 基站超过 71.8 万个，远超 2019 年的 14 万个（2019 年美国 5G 基站为 3 万个），约占全球 5G 基站的一半，在三线以上城市基本实现全覆盖。此外，我国在 5G 频谱划分上更具有商业价值，我国以 2.6G、3.5G 和 4.9GHz 等中低频段为主，一个 5G 基站的覆盖半径是 500～1 000 米；美国采用毫米波组网，一个基站的覆盖半径只有 100～300 米，目前只能做个别商业区域的热点覆盖。

在终端产品层面，我国已经优先布局，有望取得领先。各大手机厂商均已在 2019 年前后推出 5G 手机，如华为、OPPO、小米、vivo 的 5G 手机已经陆续面世，但苹果公司等美国厂商在 2019 年还未推出 5G 手机。

但是，美国 SpaceX 推进的卫星互联网建设可能会在未来颠覆我国的 5G 优势，引起新一代技术革命。卫星互联网具有低时延、低成本、广覆盖、网速快的优点，与 5G 网络相辅相成，预计到 2029 年，美国总计约有 57 000 枚低轨卫星，而我国在此方面的部署落后于美国。

（二）物联网：连接数高于海外，操作系统层面基本持平

物联网是各种智能设备、传感器及计算器件以自动控制方式集合起来的网络，其本质是寻找被忽视的数据和价值。基于物的连接，平台能够更加深入地开发用户的使用场景，帮助企业和个人提高效率、创造价值。

随着网络基础设施的完善与数据处理能力的提高，我国物联网连接数快速增长。据工信部统计，2019 年年底，三大运营商物联网接入用户已达到 12 亿人，截至 2020 年 3 月，蜂窝物联网终端用户已达到 10.8 亿人，预计到 2025 年我国物联网行业规模将突破 2.5 万亿元[①]。目前我国物联网连接数已经超过海外，预计到 2030 年接入数量将再增长 10 倍。

在物联网操作系统层面，华为的鸿蒙系统、阿里 OS 已经与 Google Brillo OS 等全球领先系统基本持平。但整体来看，我国 5G 应用和物联网应用落地速度较慢。

二、信息技术：取得了不错成绩，但与国际领先水平仍有一定差距

数字经济的发展演进离不开前沿信息技术的迭代更新，大数据＋ABC

---

① 前瞻产业研究院 . 2022—2027 年中国物联网行业细分市场需求与投资机会分析报告 ［R/OL］. ［2021－03－15］. https：//bg. qianzhan. com/report/detail/678e0de2511a4c18. html.

［AI（人工智能）＋Blockchain（区块链）＋Cloud（云计算）］已经成为重要的科技手段，也是数字经济重要的基础设施。目前社会已经进入服务数字化（共享经济、消费互联网）、企业数字化（云计算＋AI、产业互联网）与社会数字化（万物互联与区块链）时代，我国在信息技术上取得了相当喜人的成绩，但在核心技术上与国际领先水平还有一定差距。

（一）人工智能：起步晚发展快，但差距快速缩小

人工智能技术与互联网平台息息相关。举例来说，将人工智能用于工业互联网平台，有利于系统进行工况自感知、工艺自学习、系统自组织；人工智能也将在智能医疗、智能金融等服务业互联网平台发挥重要作用。

从人工智能企业数量来看，美国 AI 企业起步于 1991 年，于 2009 年开始高速增长，2013 年达到高峰后进入平稳期。我国的 AI 企业起步较晚，但自 2011 年开始高速增长，虽然发展阶段相较美国晚 2～3 年，但总体数量上已经可与美国比肩。根据清华大学发布的《中国人工智能发展报告 2018》[①]，截至 2018 年 6 月，全球监测到的 AI 企业有 4 925 家，其中美国 AI 企业有 2 028 家，中国 AI 企业有 1 011 家，而 2016 年美国 AI 企业为 2 905 家，中国仅有 705 家。根据中国信通院发布的《2020 年全球人工智能产业地图》，2020 年美国 AI 企业占全球总数的 38.3％，中国以占全球总数的 24.66％排名第二。而从融资规模来看，2017 年全球人工智能投融资总规模达 395 亿美元，融资事件 1 208 起，而中国人工智能总金额达

---

① 清华大学中国科技政策研究中心．中国人工智能发展报告 2018［R/OL］．（2018－07－24）［2019－02－23］．http：//www.clii.com.cn/lhrh/hyxx/201807/P020180724021759.pdf.

277.1 亿美元，融资事件 369 起，融资金额占全球的 70%，融资事件占全球的 31%，由此可见中国在人工智能方面已成为世界上最"吸金"国家。从 2014—2020 年的投资数量和投资金额来看①，2020 年欧洲人工智能行业的投资规模呈扩大趋势，投资金额达 39.72 亿元，投资事件为 40 起，近年来虽热度下滑但相对稳定；2020 年美国人工智能行业的投资规模不断扩大，投资金额不断增加，达到 429.23 亿元，相关投资事件为 101 起，单笔平均投资金额持续上升；日本受人工智能企业数量较少等因素影响，投资规模远不如美国、欧洲和中国等国家和地区。

人工智能的应用技术主要包括语音类技术（包括语音识别、语音合成等）、视觉类技术（包括生物识别、视频识别等）和自然语言处理类技术，未来人工智能将呈现螺旋式发展并快速扩张，最具有发展潜力的将是机器学习、图像识别和智能机器人等领域。《中国人工智能发展报告 2020》显示，过去十年全球人工智能专利申请量为 521 264 件，呈逐年上升趋势。其中，中国人工智能专利申请量为 389 571 件，是排名第二的美国的申请量的 8.2 倍，位居世界第一，占全球总量的 74.7%。我国人工智能企业在技术方面主要集中于视觉和语音，在基础硬件方面较为不足。除此之外，从表 1-1 可以看到，由于各个国家科技水平与关注领域不同，人工智能的重点研发领域与重点应用领域也有不同，总体来看，在人工智能方面，我国与美国的差距正在缩小。

---

① 前瞻产业研究院. 中国人工智能行业市场前瞻与投资战略规划分析报告 2020 ［R/OL］. ［2021-09-16］. https://doc. mbalib. com/view/a29e0d976e183d91de6f21d67c6a9dd3. html.

表 1-1　世界各国人工智能布局特点及研发策略比较分析

国家和地区	AI 发展支持政策	重点研发领域	重点应用领域
美国	指定 AI 研究为政府优先事项并调入更多支持资金和资源。确定了七项长期战略：对 AI 研发进行长期投资；开发人机协作的有效方法；理解和应对 AI 带来的伦理、法律和社会影响；确保 AI 系统的安全性；开发 AI 共享数据集和测试环境平台；建立标准和基准评价 AI 技术；更好地把握国家 AI 研发人才需求	侧重机器学习、自主性、人机、伦理等方面的研究	大数据分析、情报分析、基因组及医药、视觉与机器人学、无人驾驶与导航等
欧盟	重视并推动 AI 发展中的伦理和安全理念，专门设立了高级别人工智能专家组（AI HLEG）	数据保护，网络安全，人工智能伦理，数字技术培训，电子政务，军事、民用、伦理等方面	超级计算机、数据处理、金融、数字社会、教育
德国	用 AI＋工业 4.0 打造"人工智能德国造"品牌；高度重视并大力支持人工智能科研和人才培养	维护社会整体价值观和保障个人基本权利，服务于社会和人类	日常生活中的自主和智能系统
英国	不断加大政策、资金、人才和国际合作方面的布局力度	从自动驾驶汽车到智能系统技术，从打击假新闻到利用信息来制止和化解冲突的技术，从提高互联网防御能力到提高辅助决策能力的各种技术	国防和安全、军事设备
日本	日本政府积极发布国家层面的人工智能战略、产业化路线图，并主张构建有效且安全应用的"AI-Ready 社会"	机器人、脑信息通信、声音识别、语言翻译、大数据分析、科技创新综合	生产自动化、智能农业、医疗健康、空间移动、人工智能新产品和新技术
中国	党和国家高度重视 AI 发展，从产业发展、教育等各个方面支持人工智能的发展	"1＋N"计划，"1"指人工智能重大科技项目，聚焦基础理论和共性技术，"N"指各项产品研发应用自由发展；加强对人工智能与其他前沿科技交叉学科的探索	智能制造、智能农业、智能物流、智能金融、智能家居、行政管理、司法管理、城市管理

资料来源：清华大学-中国工程院知识智能联合研究中心．人工智能发展报告 2020［R/OL］.（2021-01-20）［2021-06-17］. https：//www.thepaper.cn/newsDetail_forward_12252266.

（二）云计算：中国云计算落后美国 3～5 年

云计算是互联网平台的重要基础设施之一。算力之于数字经济，正如动力之于工业。据 IDC 预测，2025 年全球数据量将达到 175ZB，相比 2018 年增长了 5.3 倍。Marry Meeker 的研究报告表明，自 2017 年起，全球传统数据中心逐渐退出，更多的市场份额转向云形态的数据中心。因此，云计算在未来社会的地位将会不断提升，其本身具有的虚拟化、一体化等特点将对推动经济数字转型有重要作用。美国于 20 世纪 90 年代就开始布局云计算产业，于 2020 年迎来大丰收，而我国在该领域布局较晚，与美国差距较大。

首先，我国云计算产业规模尤其核心层与美国差距巨大。从全球云计算市场份额来看，亚马逊、微软、谷歌等三家美国公司分别在 2018 年和 2019 年总共占据了 67％和 68％的市场份额，而阿里云的市场份额则分别仅为 8％和 9％。根据 Canalys、中信证券研究部的报告，如果仅关注 IaaS＋PaaS[①] 领域，则阿里云的市场份额低于 6％，且根据 IDC 数据，2019 年我国 SaaS[②] 的市场规模为 30 亿美元，仅占全球的 2％，而我国最大的 SaaS 企业金山办公的市值在全球排在第 20 名左右。

其次，我国云计算的资本支持不足，与其他国家存在较为明显的差距，需要代表性厂商的持续投入与更有力的政策支持。

此外，我国云计算结构发展不平衡，在 SaaS 方面与主要国家差距极大。云计算产业链的核心为 IaaS、PaaS 和 SaaS，分别对应云服务的底层、

---

① IaaS, Infrastructure as a Service，基础设施即服务；PaaS, Platform as a Service，平台即服务。
② SaaS, Software as a Service，软件即服务。

中层和顶层。根据 IDC、中国信通院的数据①，我国云计算以 IaaS 为主，而以美国为主导的全球云市场则以 SaaS 为主，顶层的 SaaS 占公有云的 63.6%。SaaS 是上层多样的应用服务，是数字经济最终价值形成的重要环节，也是制约我国数字经济发展的瓶颈。

（三）区块链：核心技术有一定差距，商业化程度低

区块链是分布式数据存储、点对点传输、共识机制、加密算法等计算机技术的新型应用模式。近年来，区块链在我国引起了广泛关注，被认为是继大型机、个人电脑、互联网以后的颠覆性创新，在国家发展改革委的定义中，区块链、人工智能与云计算被列为"新型技术基础设施"，在国家层面给予了高度重视。据互链脉搏研究院（IPRI）统计，截至 2020 年 9 月，我国共有 35 处区块链园区（含在建）。据中商产业研究院和前瞻产业研究院预测，我国区块链产业规模在 2025 年将达 389 亿元。

目前，区块链已经涉及物联网、智能制造、供应链管理与数字资产交易等领域，并为数字经济的转型及其应用的丰富化提供了可能（见表 1-2）。比如，2016 年 8 月微软在 Azure 云平台里面提供区块链，开发者可以在上面以最简便、高效的方式创建区块链环境，而区块链网络的去中心化特点也为物联网的自我治理提供了方法，有助于实现对平台的有效控制。此外，区块链的通证化使得大件实物资产部分所有权成为可能，降低了投资与交易门槛，其智能合约又能够保障市场规则、提高结算速度，因此区块链也是构建数字资产交易平台的最优选择。

---

① 腾讯研究院. 中美 SaaS 比较：落后十年，十倍差距［EB/OL］.（2021-03-02）［2021-08-19］. https://tisi.org/17749.

表 1－2　区块链应用生态

应用领域	具体运用
共享经济	租车、租房、知识技能
物联网	物品溯源、物品防伪、物品认证、网络安全性、网络效率、网络可靠性
IP 版权	专利、著作权、商标保护、软件、游戏、音频、许可证、艺术品证明
通信	社交、消息系统
金融服务	支付、交易清结算、贸易金融、数字货币、股权、私募、债券、金融衍生品、众筹、信贷、风控、征信

区块链在金融领域被当作一种不可篡改的分布式记账技术，其核心技术包括分布式账本（DLT）、密码学、共识机制等[①]。从专利申请来看，我国在区块链专利申请上数量领先但含金量低，截至 2019 年 6 月 27 日，中国区块链专利申请总量为 1 490 件，占总量的 32.61％，而美国为 1 344 件，占总量的 29.41％。尽管我国区块链技术专利申请占比大，但大部分专利都围绕存证溯源、数字钱包等应用领域，较少涉及核心技术，含金量较低；而美国专利则更多地聚焦共识机制和算法等核心技术[②]。

总体来看，在技术研发方面，美国在密码算法等关键技术领域领先，但中美目前正在数字货币与跨境贸易方面展开竞争。数字货币方面，Facebook 主导的 Libra、中国人民银行牵头的 DC/EP 与瑞典等欧洲国家央行推动的数字货币形成了三强竞争局面。2019 年，新美国安全中心的报告也指出中国"一带一路"倡议有望使涉及地区通过区块链应用程序获得金融服务，这有可能威胁美国在跨境贸易业务体系中的长期主导地位。

---

① 区块链的概念最早源于比特币，在金融领域运用最广，因此本书在探讨中美技术差距时以金融领域为例。

② 郭滕达，周代数．区块链技术与应用发展态势分析：中美比较视角 [J]．信息技术与网络安全，2020（8）：1-5.

三、半导体：中国处在中低端水平，与国际领先水平差距大

过去几年，国内芯片设计公司发展迅速，国产替代概念兴起，但是，目前国产芯片替代主要集中在中低端产品，而在一些专利技术壁垒较高、研发投入大的领域，美国仍然处于完全主导的地位，我国则高度依赖从美日韩各国进口。

从芯片产品看，我国 2019 年的芯片自给率仅为 30％。在计算芯片和存储器方面，我国远远落后于全球领先水平。2019 年全球计算芯片（CPU、GPU）市场规模为 606 亿美元，主要被 Intel、AMD、英伟达三家美国公司垄断，而我国目前 CPU 仍与国际先进水平存在 3 年的差距，在消费级 GPU 方面几乎为空白；全球存储器（NAND、DRAM）市场规模为 1 095 亿美元，是半导体的最大子类，目前市场主要由韩国厂商领导，而我国长江存储的 NAND 等国内存储器在近两年才实现量产。

在应用处理器和微控制器（MCU）方面，我国厂商市场占有率较低，但正在快速追赶，比如华为海思的麒麟 SoC 应用处理器，目前已经在性能上基本与苹果等领先厂商持平；在模拟芯片领域，我国的圣邦、思瑞浦等模拟芯片厂商的一些消费级电源管理芯片在性能上已经能够媲美 TI 等国际厂商，但在高速高精度数模转换器、车规级模拟 IC 等产品上与美国差距较大。而在传感器领域，我国在接触式图像传感器、指纹识别传感器等子类处于国际领先地位，而在温度传感器与 MEMS 传感器方面较弱。

从产业链环节来看，上游 EDA 软件是芯片设计的"基石"，根据 ESD Alliance 的数据，2019 年全球 EDA 市场规模达到 105 亿美元，行业集中度高，被 Synopsys、Cadence、Mentor 三家企业寡头垄断，三大巨头的市

场占有率超过 60%，而我国国内企业（这里指除港澳台三地之外的企业，比如华大九天）市场占有率低于 1%，几乎为零。半导体设备方面，美国厂商处于主导地位，而半导体材料领域则被日本、欧美、韩国等国家或地区的少数企业垄断，硅片、电子特种气体等关键技术领域前五大公司的市场占有率均超过 90%。在晶圆代工与封装测试环节，我国企业的表现要稍好些，2019 年我国晶圆代工自给率达到 25%，并且中芯国际在先进制程上实现了 14nm 的突破，与台积电 5nm 制程的差距在缩小，而在封装测试环节已基本实现国产替代。中国半导体行业协会数据也显示，2021 年全球十大外包封测厂中，我国企业长电科技、通富微电和华天科技分别位居全球第 3、6、7 名，占据 26% 的全球市场。

四、智能硬件：创新模式不同，底层技术上仍存在一定差距

智能硬件是数字技术应用的终端，其每次创新变革都会为用户提供更加自然的交互方式和更加便利的连接。目前，随着 AIoT 的发展，人机交互方式正在朝传统的图像交互（PC）走向触控交互（触摸屏和移动互联网），并进一步向语音（TWS 智能音箱）、视觉（AR/VR）、神经电信号等方向变革。

据预测，AIoT 的行业规模将从 2019 年的 1 578 亿美元以 21% 的年复合增长率增至 2025 年的 4 952 亿美元，从而超过智能手机行业。CCS Insights 数据显示，全球可穿戴设备出货量有望从 2020 年的 1.93 亿部高速增长至 2025 年的 3.88 亿部。此外，IDC 数据还显示，中国可穿戴设备出货量也将保持高速增长，有望从 2020 年的 1.07 亿部增长至 2025 年的 2.66 亿部。

　　赛迪智库的报告通过对中美智能硬件领域独角兽企业的分析，认为近年来我国智能硬件领域企业发展迅速，但在技术储备、创新模式等方面与美国仍存在不小差距。

　　首先，我国智能硬件独角兽企业数量和估值虽已超过美国，但含金量存疑。智能硬件领域，中国独角兽企业数量与占比皆高于美国，存在局部优势。实际上，美国独角兽企业成立时间大多超过 5 年且估值低于 20 亿美元，在技术创新领域有重大突破，主营业务价值高。比如，美国医疗健康领域 Proteus 公司所推出的可吞服智能药丸采用微型传感器技术，可监测人体内生理参数，已获得欧盟 CE 认证和美国 FDA 批准，引起了医疗巨头的广泛关注。而我国智能硬件独角兽企业创立时间大多不足 5 年，但平均估值超过 70 亿美元，这主要是源于对新型商业模式的价值预期，但其核心竞争力存疑。

　　其次，中美智能硬件领域独角兽企业创新模式不同，美国公司更加注重底层技术创新，而我国公司则更注重商业模式创新。以美国 MagicLeap 公司与中国摩拜单车为例，MagicLeap 公司致力于 VR/AR 研发，核心团队包括 OpenCV 的开发者等人工智能视觉行业领军人物，截至 2017 年上半年，该公司已经申请发明专利近 200 项，累计融资近 20 亿美元；而我国摩拜单车成立于 2014 年，首创基于移动互联网平台的智能共享单车模式。

　　但同时，我国智能硬件领域正在飞速发展。在智能硬件领域，中国初创公司更容易获得投资。2017 年上半年，美国智能硬件领域吸纳投资额占比不足 3％，而中国则超过 10％。

五、数字孪生：我国处于起步阶段

除了半导体、通信技术、信息技术与智能硬件外，数字经济的发展迭代还离不开其他一些科技的支撑，本章在此主要介绍数字孪生技术。数字孪生技术是工业互联网平台的核心技术，其基于物理实体的基本状态，以动态实时的方式建立模型、收集数据，并进行高度写实的分析，可以有效连接设备层和网络层，不断将工业系统中的碎片化知识模型化并上云传输到互联网平台中，对实现 IT 与 OT 的融合有着重要作用。数字孪生技术生态系统见图 1－2。

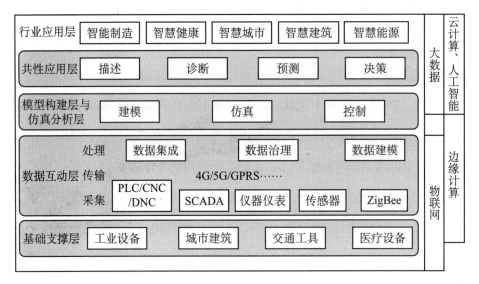

图 1－2　数字孪生技术生态系统

目前，数字孪生技术已经开始运用在工业互联网平台上，比如西门子公司就在其工业互联网平台 Mindsphere 上运用数字孪生技术实现了不同应用场景数据的打通。而达索也建立了自己的数字孪生平台 3D Excerprience，实现了设计、仿真、分析工具、协同环境、产品数据管理、社区协作、大数据等多种应用的打通。ANSYS 仿真平台可以连接到各种工业互联网平台进行数据访问和协同，比如 ThingWorx 平台和 Predix 平台，更快地诊断和解决故障。国内诸如航天云网等工业互联网企业也开始在数字孪生技术上寻求突破。

在数字孪生技术的研究与应用方面，我国与美国、德国差距较大。根据 Gartner 数据，截至 2019 年 1 月底，在实施了物联网的企业中，已有 13％的企业实施了数字孪生项目，62％的企业正在实施或者准备实施，而这些企业多数是美国企业。截至 2019 年，全球共有超过 1 000 所（个）高校（研究团体）参与数字孪生技术研究并公开发表相关研究成果，与美国、德国相比，我国在数字孪生技术研究上起步较晚，直到 2019 年，我国关于数字孪生技术领域的论文发表数量才超过 600 篇，其中 2019 年的论文发表数量占 50％以上。

◀◀◀ 第二节 ▶▶▶

我国数字技术创新的发展趋势

一、重大颠覆性数字技术创新不断涌现

当今世界，科技快速发展。随着全球新一轮科技革命和产业变革的深入推进，人工智能、大数据、云计算等多种新一代具有重大颠覆性的信息

技术不断涌现。除了大家熟知的基于信息通信技术深化发展起来的数字技术创新外，仿生、生物医药、生物工程等新生物技术，光伏、氢能、核聚变等新能源技术，石墨烯、生物材料等新材料技术也不断取得突破①。数字时代，技术创新不是以线性方式而是以指数方式发展，呈现加速进步的趋势。科技成果转化速度明显加快，新模式、新业态不断涌现。颠覆性技术创新与渐进性技术创新交替出现与循环往复，新的科技创新演化路径预示着第四次工业革命的兴起。颠覆性数字技术是推动数字化深层次转型的核心力量，对推动我国数字产业化和产业数字化发展、推动数字经济和实体经济深度融合、助力供给侧结构性改革、畅通国内大循环和国内国际双循环，有着极为重要的现实意义。

二、技术与基础学科交叉创新日益增多

在数字经济飞速发展的过程中，学科交叉融合加速，新兴学科不断涌现，技术与基础学科交叉创新日益增多。其重要原因在于数字技术的巨大需求，以光刻机为例，其制造集合了数学、光学、流体力学、高分子物理与化学、表面物理与化学、精密仪器、机械、自动化、软件、图像识别等领域的顶尖技术。为适应需求，我国科技部在 2020 年提出要加大基础研究投入，优化投入结构，加大对冷门学科、基础学科和交叉学科的长期稳定支持，为科研人员静心思考、潜心研究、全心投入提供更好的服务，支持和鼓励广大科技工作者勇闯创新"无人区"。这些都有利于鼓励立足基础，促进学科交叉融合、交叉创新，激发创新潜能，创新人才培养模式。

---

① 国务院发展研究中心"国际经济格局变化和中国战略选择"课题组. 全球技术变革对国际经济格局的影响 [J]. 中国发展观察，2019 (6)：11-20.

三、技术创新更趋向以市场需求为导向

未来科技成果转化改革的关键在于充分发挥市场在资源配置中的决定性作用，疏通技术和市场协同创新网络中的现实堵点①。换言之，技术创新要更以市场需求为导向。以市场需求为导向是由技术创新的内涵决定的。技术创新需要将科技和创新潜力转化为竞争优势，把市场需求、社会需求和国家需求作为基本出发点，重视创新的应用价值，并在市场竞争中进行创新检验。在技术的需求侧，国家把科技创新放在创新驱动发展的核心位置，在激励科技创新和成果转化方面出台了密集的改革激励举措，尤其当前国内产业有迫切的转型升级需求，使得对技术创新应用的需求也愈加迫切。在技术供给侧，新技术新成果转换为生产力和经济效益的周期正在缩短，更能适应市场需求的变化。以市场需求为导向的技术创新，疏通了科技成果转化链条，更符合我国现阶段的实际情况，更有利于促进科技成果转化，更有利于创造良好的技术创新市场和技术创新环境。

四、技术创新转移转化速度明显加快

近年来，我国科技实力大幅提升，"科学技术是第一生产力"，科技成果转化需要"加速度"，加之多数科学技术具有一定的时效性，因此要推动我国成为具有重要影响的科技和创新大国，就必须加快技术创新转移和转化。国家互联网信息办公室发布的《数字中国发展报告（2020年）》指出：我国目前数字中国建设质量效益加快提升，信息基础设施建设规模全

---

① 喻思南. 以市场导向推动科技成果转化［J］. 中国科技奖励，2020，253（7）：29.

球领先，信息技术创新能力持续提升，科技成果转移转化速度明显加快，数字经济发展活力不断增强，数字政府服务效能显著提升，信息便民惠民加速普及，网络空间国际合作深化拓展，信息化发展环境不断优化①。

我国科技体制改革不断深化，以市场为导向的创新格局日益形成，加快了科技转移转化速度。同时，科技成果的社会认知度得到提升，转移转化通道畅通，供需双方精准匹配，也使得技术创新转移转化速度明显加快。但需要注意的是，科技成果如果在转化周期内没有转化为生产力，其经济潜能很快就会衰减，因此，今后需要逐步解决研发主体和企业间信息不对称等问题，更好地实现技术创新的转移转化。

五、高价值创造使人才待遇显著上升

数字经济的快速发展使得高价值创造的重要性日益凸显。这就要求在数字技术创新中，企业必须拥有高质量的数字技术创新型人才，因此人才培养显得尤为重要。一项最新数据显示，在 2021 年 3 月，有数字人才需求的企业总计 133 815 家，数字人才岗位需求量总计 1 732 148 个，全国数字人才年薪平均值为 15.02 万元。值得注意的是"90 后"已成为数字人才主力军，数字人才需求主要集中在数字产业发达地区，民营企业对数字人才的需求量约为国有企业的 9 倍，但国有企业的薪资水平更加吸引求职者。

从数据可以看出，人才的待遇在高价值创造的重要性日益凸显的背景下显著上升，数字人才平均薪资呈现连年正增长趋势，经济活力显现。全

---

① 国家互联网信息办公室. 数字中国发展报告（2020 年）[R/OL]. (2021 - 06 - 28)[2021 - 08 - 19]. http://www.cac.gov.cn/2021 - 06/28/c_1626464503226700.htm.

国数字人才平均年薪由 2015 年的 17.57 万元攀升至 2019 年的 22.27 万元。2020 年虽然受全球新冠疫情影响，但全国数字人才平均年薪依然维持在高位，上市公司薪资水平较高。

其实近几年，我国一直重视数字创新型人才的培养和待遇提高等问题。2018 年，中共中央办公厅、国务院办公厅印发了《关于提高技术工人待遇的意见》，其中几大重要的内容就是：突出"高精尖缺"导向，大力提高高技能领军人才待遇水平；实施工资激励计划，提高技术工人收入水平；构建技能形成与提升体系，支持技术工人凭技能提高待遇；强化评价使用激励工作，畅通技术工人成长成才通道。

◀◀◀ 第三节 ▶▶▶

我国数字技术创新中面临的主要问题

一、自主创新能力不足，关键核心技术受制于人

近年来，关键核心领域"卡脖子"问题日益成为我们国家科技发展和经济发展中的突出问题。以美国为首的西方国家的对华遏制战略已经延伸到了数字经济领域，从中兴被美国"封杀"到华为被"断供"，愈演愈烈。这些事件无不暴露出我国在数字领域基础研究薄弱，技术积累不够深厚，

关键核心技术方面供给不足。工信部在 2019 年的调查研究中发现，在数字经济领域，我国在高端芯片、嵌入式 CPU、存储器、量子器件、基础算法、工业软件等 300 多项关键核心技术上仍然受制于人。以高端芯片为例，我国与国际领先水平存在不小的差距，中芯国际目前工艺生产水平为 14nm，而国际先进企业已经达到 5nm。此外，我国目前几乎所有高端仪器设备都来自进口，而这些高端仪器制造公司依靠中国的购买，继续加大研发投入，形成有利于自身创新发展的循环。另一个例子是工业软件。我国信息行业起步较晚，导致在考虑使用习惯和兼容性等问题的情况下，我国数字行业软件大量使用国外技术。大型科学仪器设备的开发，使其具有使用上的便捷性、达到并维持良好的性能状态，都依赖核心软件的开发。国产核心软件的缺失，使得国内数字行业软硬件大量依靠进口。

中国核心领域缺失的关键技术基本具有以下共同特点：一是关键技术资本投入大、周期长、风险高。比如做液晶屏幕的京东方，花了十年时间才开始有利润。芯片行业的投资也不是短期能见效的。二是关键技术所在的领域通常专利/技术壁垒高，行业高度垄断。比如在工业软件方面，Synopsys、Cadence、Mentor 三家美国巨头在设计芯片的 EDA 软件方面占据了中国 95％的市场。三是关键技术通常需要多学科最前沿的基础研究作为支撑。以光刻机为例，其制造集合了数学、光学、流体力学、高分子物理与化学等多个基础学科的顶尖科研成果。这些因素使得攻克关键技术是一项复杂的系统性工程，需要政产学研多方参与，难度大，周期长，不可一蹴而就。

自主创新能力缺失的一个重要原因是基础研究能力薄弱。从研发投入来看，2015—2018 年，我国基础研究投入占研发总经费的比重仅为 5％左

右，远低于日本的 11％以上和美国的 16％以上的水平（见表 1-3）。而如
果看企业的基础研究，占比就更低了。虽然企业基础研究投入占比在逐渐
上升，但是截至 2018 年，中国企业研发投入中，基础研究投入占比仍然
只有 0.22％，远低于日本的 7.81％和美国的 6.21％（见表 1-4）。基础研
究投入不够使得我国缺乏原创性的科学思想和理论成果，缺乏具有国际影
响力的学科与具有国际引领性的人才，停留在模仿和重复的低水平阶段。
企业在基础研究上过低的参与率，也使我国基础研究成果转化率过低[①]。

表 1-3 2015—2018 年中国、美国、日本不同类型研发投入占比 （％）

年份	中国			美国			日本		
	基础研究	应用研究	试验发展	基础研究	应用研究	试验发展	基础研究	应用研究	试验发展
2015	5.05	10.79	84.16	16.87	19.64	63.20	11.91	19.86	63.69
2016	5.25	10.27	84.48	17.16	20.29	62.36	12.57	18.85	64.04
2017	5.54	10.50	83.96	16.66	19.82	63.32	13.11	18.67	63.89
2018	5.54	11.13	83.33	16.59	19.77	63.37	12.57	18.99	64.27

资料来源：OECD 数据库，可查找到的网络公开数据仅公布至 2018 年。

表 1-4 中国、美国、日本企业研发投入中基础研究投入占比 （％）

年份	日本	美国	中国
2015	6.67	6.12	0.10
2016	7.46	6.58	0.21
2017	8.31	6.21	0.21
2018	7.81	6.21	0.22

资料来源：OECD 数据库，可查找到的网络公开数据仅公布至 2018 年。

2019 年，美国、日本、中国研发总经费分别为 6 127 亿美元、1 726
亿美元、5 148 亿美元，美国企业研发投入规模依旧位居榜首。其中，中
国基础研究、应用研究和试验发展占比分别为 6.0％、11.3％和 82.7％。

---

① 杜传忠，任俊慧. 中国制造业关键技术缺失成因及创新突破路径分析 [J]. 经济研究参考，
2020（22）：10-18.

二、数字技术创新型人才匮乏

数字技术创新型人才需要具备全面创新能力，包括技术创新、制度创新、产品创新、市场创新、管理创新等，数字化创新人才不仅包括 AI 算法工程师、产品经理、数据分析师、数据科学家、IT 工程师等传统意义上的技术精英，还包括跨行业、跨平台的复合型人才。

目前我国严重缺乏具有复合能力的数字技术创新型人才。国家工业信息安全发展研究中心发布的《2020 人工智能与制造业融合发展白皮书》指出，在人工智能领域，需要既掌握人工智能技术又对制造业细分行业有深入理解的复合型人才，而这种人才极其稀缺，估计中国人工智能领域的人才缺口达 30 万人。国际权威咨询机构 Gartner 预测，随着区块链技术的发展，中国区块链人才缺口将达 75 万人以上。此外，清华经管学院与领英中国联合发布的《全球数字人才发展年度报告（2020）》对全球所有领英用户中近 4 000 万的数字人才做了全面分析，研究发现，中国的数字人才还基本上局限于狭义的 ICT 行业，而欧美发达国家的数字人才却广泛渗透入传统行业中。此外，中国的数字人才技能较为单一，基本局限于数字技能，而欧美发达国家的数字人才同时还兼具丰富的行业技能与商业技能。这些研究都发现，我国严重缺乏兼具数字技能与行业技能的复合型人才。

数字人才之所以存在巨大的缺口，是因为两方面的原因：一是数字经济的快速发展使得对数字创新人才的需求暴涨。二是数字经济复合型人才培养难以跟上。比如，区块链产业人才研究所发布的《2020 区块链产业应用与人才培养报告》就指出，区块链人才需要同时具备 IT、通信、密码学、经济学、组织行为学等领域的知识，因此人才培养周期长，且目前高校培养体系难以培养这种复合型人才。

此外，中国高等教育系统在国际上缺乏竞争力，无法吸引高层次人才。与之形成鲜明对比的是，美国高等教育体系高度发达，能够吸引全球最聪明的学子，事实上中国最优秀的人才也基本上被吸引到美国求学。这使得许多数字人才在受过教育后留在美国创业，比如微软、Alphabet、Adobe、IBM 等公司的 CEO 都是印度裔。而在中国的互联网公司中，优秀的外国人才还非常少。

三、产学研深度融合的技术创新体系不健全

数字经济核心技术创新具有高度复杂性，涉及多个学科，需要大量投入，因此需要以政产学研深度融合的技术创新体系作为支撑。然而，我国的产学研融合机制仍然不健全。杜传忠、任俊慧对此问题做了全面而细致的分析，总结出三大问题[①]。第一个制约重大技术创新的因素是产学研缺乏长期的合作机制。目前产学研的合作基本都是短期合作，而产学研合作在成果价值、知识产权以及利益分配等方面缺乏健全的机制，各方分歧大，合作困难。第二个制约重大技术创新的因素是存在条块分割的体制性障碍。我国的教育系统、科技系统都具有独特的目标和评估系统，和产业界缺乏紧密联系，相应的科研成果转化率低，无法直面业界的重大需求。科技、经济、教育之间缺乏相应的宏观协调机制，不利于整合全社会资源攻克重大创新。第三个制约重大技术创新的因素是人才之间存在交流障

---

① 杜传忠，任俊慧．中国制造业关键技术缺失成因及创新突破路径分析［J］．经济研究参考，2020（22）：10-18.

碍。高校、科研院所、业界对人才的不同的管理体系和评估标准，使得人才流动困难。高校科研人员缺乏实践能力，无法流动到业界，而业界实践人员无法满足高校发表论文的要求，流回学界也困难。因此，人才只能在系统内部自循环，导致产学研无法深度融合。

四、知识产权保护体系面临新挑战

知识产权保护体系构建，除了存在传统的困难，比如社会知识产权意识还需加强，相关知识产权法律法规还需健全，相关制度和体制还需完善以外，在数字经济时代，还面临新挑战。

首先，数字技术创新速度快，知识侵权衍生出许多新形式，给知识产权保护体系的完善带来了挑战。以网络版权为例，传统版权是闭环，作者、传播者、消费者各自的角色都很清晰，而网络环境中的版权则出现了身份模糊的现象，每个人都有可能有多重身份，给版权保护带来了新困难。此外，商业模式创新是互联网经济中的重要创新形式，而我国并不保护商业模式创新，导致其很容易被抄袭和模仿。这也促使人思考知识产权保护应如何适应数字经济发展的潮流。

其次，国际高科技公司滥用知识产权保护，带来了新挑战。数字经济领域许多先进技术都掌握在国际高科技企业手中，这些企业拥有大量核心专利，从而有可能会滥用知识产权垄断市场，进行不公平竞争。典型的案例就是高通垄断案。高通是全球最大的无线通信芯片制造商，所有手机厂商都离不开高通的专利授权。然而，高通却通过无正当理由搭售非必要专利许可、收取不合理不公平的高价专利许可费等垄断行为赚取高额利润。国家发展改革委在 2015 年对高通开出了高达 60.88 亿元的罚金。这个案子充分说明，在未来，合理合法地利用《反垄断法》这一武器对抗国际公司滥用知识产权，将会是新挑战。

最后，开源创新模式需要加强对左版权（copyleft）的保护。左版权这一概念主要源自开源这一模式，它和传统的版权并不相同。所谓左版权，是指信息产品的初始开发者保留相关权利，任何人在此基础上使用或者开发的产品，也必须继续开源，向社会免费开放。强调左版权保护，是促使互联网经济产生"公地喜剧"，让全社会成员能够以更低的价格使用信息产品的重要途径[①]。左版权是全新的知识产权保护概念，其实际执行带来了新挑战。

五、国际形势严峻复杂

日趋严峻复杂的国际形势给我国数字技术创新带来了挑战。今天，全球创新链高度密集，跨国技术合作成为常态，这使得数字技术创新高度复杂，需要全球合作。然而，当今世界正经历百年未有之大变局，国际形势日趋严峻和复杂，不稳定性、不确定性显著增强。自由开放的思想越来越被抛弃，逆全球化、单边主义、保护主义、民粹主义抬头，严重影响着全球格局的稳定。美国视中国为主要竞争对手，拜登政府一方面对中国高科技企业和实体进行制裁，对高科技产业进行供应链断链以及禁供（第166届美国国会通过的366项涉华法案中一半以上都是这类法案），另一方面加大对科技创新的投入，比如计划对半导体芯片领域投资500亿美元。美国国家人工智能安全委员会全票通过的AI报告也明确提出要抢占技术制高点，研发出至少

---

① 于立. 互联网经济学与竞争政策［M］. 北京：商务印书馆，2020.

领先中国两代的先进科学技术①。这些都对中国的数字技术创新提出了巨大挑战。

◀◀◀ 第四节 ▶▶▶

加快我国数字技术创新应用的建议

一、创新为源，提高自主创新能力

提高自主创新能力，首先要依靠科技创新，强化基础研究。要避免把被"卡脖子"的技术和产品独立起来看，而应该将其看成一个自主创新能力缺失、基础研究薄弱的系统性问题。以芯片为例，芯片的开发并不是一个简单的产品制造问题。研发自主芯片内核，关系到整个科技体系。芯片制造过程中需要用到以数学、光学、流体力学以及高分子物理与化学为代表的数十种尖端科技。如果只把芯片当成一个产品来看，那么在今后的技术竞争中，可能还会在其他产品上再次被"卡脖子"。只有从基础研究出发，依靠科技创新，推动科技体系进步，才有可能真正解决"卡脖子"问题。

---

① 陈文玲.科技战可能是拜登政府与中国博弈的主轴 [EB/OL].（2021-05-25）[2021-08-19]. https://baijiahao.baidu.com/s? id=1700715839038862049&wfr=spider&for=pc.

提高自主创新能力，还需要加大对自主创新企业的支持力度。首先可以使用政府采购作为重要手段。事实上，美国许多高科技技术的发展，都高度依赖政府采购的支持。其次，给自主创新技术开发提供相应的税收优惠和金融支持，做好相应的配套服务。最后，加速自主创新技术的科技成果转化，实现资金和技术之间的良性循环。

二、人才为本，培养高水平数字创新型人才

第一，加强关键学科建设。一方面，继续加强数学、物理、化学、生物等基础性学科的建设；另一方面，以国家战略需求为导向，瞄准科技前沿和关键领域，加强数字经济领域急需学科建设和人才培养。将高端芯片、操作系统、人工智能关键算法、传感器等关键领域的相关学科纳入国家重点支持学科名单，在人财物方面给予足够的支持，在管理体制上进行创新。数字经济需要跨行业、跨学科的复合型人才，因此进行学科建设时还要注意以数字经济市场需求为导向，建设交叉学科，培养战略科技人才、行业领军人才。

第二，改革科研体制，充分调动科研人员的积极性。在科研项目的申请上，选人要以能力为第一评判标准，不要看帽子、头衔，杜绝资源过度集中在少数学阀的手中，给青年科研工作者以足够多的机会。在项目管理上，进一步给予科研人员充分的自主权，在科研人员使用经费时，给予更大的灵活性。科研活动带有巨大的不确定性，事前花费很难准确计划好，因此需要随时调整。可以考虑推广现在自然科学基金委员会在"杰青"项目试点的包干制。为防止科研经费被滥用，可以加强事后审计，避免对经费具体使用方式管得过严。

第三，加大对高端人才的投入和激励。人才是实现创新驱动发展的首要资源，人才投入是效益最大的投入。要切实优化财政人才保障投入，通过税收、贴息等优惠政策，建立重点产业人才需求申报、监测和信息发布制度，鼓励高端技术人才创新创业，建立多层次、多元化的专业技术人才投入体系，全面优化数字经济人才保障机制，激发创新创造活力。

第四，大力引进顶尖、高端人才团队，加强创新人才培养方面的国内区域合作和国际合作。健全和完善推进高层次人才流动机制，推动创新型人才可持续流动，对符合认定的国内外智力引进项目给予适当的财政支持，注重国内、国际和区域合作，充分利用国家间的先进技术交流与合作，推动我国创新型人才的培养和国际转移、引进，培养出符合数字时代需求的高素质、具有广阔视野的人才。对于国外高端人才，可以加大柔性引进力度。

三、体系支撑，建立产学研深度融合的数字创新体系

要解决"卡脖子"问题，亟须完善科技创新体制机制，建立产学研深度融合的科技创新体系。解决"卡脖子"问题，不是某个政府部门、某所高校、某个研究机构和企业能够单独完成的，它是一个系统性的工程，需要产学研全面深入融合发展，形成"多元、融合、动态、持续"的协同创新模式与机制。政府需要对基础性学科、基础性研究给予长期且大力度的支持。在基础共性技术和关键共性技术方面，政府可以以重大项目为纽带，鼓励产学研融合突破。要建立合理的利益分配机制，充分给予参与各方足够的激励。此外，政府还应该为创新提供资金与资源的配套措施，做好服务工作。对高校而言，一方面要加大对基础性科学研究的支持力度，

另一方面要改革在应用研究方面的评价体制，引导科研尽可能面向市场需求，改变以论文、专利和课题经费为导向的考核机制，注重成果转化率。最为关键的是，创新要以企业为主体、以市场为导向，充分发挥和尊重企业的创新主观能动性。企业需要保持危机意识，依据自身优势，加强对可能被"卡脖子"的技术的研发，更多地寻求与高校和研究机构合作。

四、法律保障，完善知识产权保护体制

我国数字经济处于初步发展时期，需要注重数字知识产权保护，建立完善的法律法规保障机制，助力数字经济持续健康发展。近年来，随着数字技术创新的不断发展，软件、集成电路、生物工程等领域的数字技术创新陆续被纳入知识产权保护范围。在世界技术变革频率高、技术进步速度快的背景下，知识产权保护范围将进一步扩大，我国也需要顺应时代潮流，扩大知识产权保护范围。

此外，既要加强知识产权保护激励创新，也要使用《反垄断法》等法律防止对知识产权保护的滥用。随着数字经济的深入发展，在关键领域，会有越来越多的跨国公司以知识产权为武器，限制企业进行创新。在这中间，很有可能涉嫌对知识产权的滥用，违反《反垄断法》。对此，需要依法规制滥用知识产权、在知识产权领域垄断和限制竞争的行为，维护知识产权市场的公平竞争环境。这种反垄断需要对法学、经济学、行业知识具有深刻的理解，因此未来需要培养更多拥有跨学科背景的复合型人才。

最后，在构建开源创新的体系中，要注重对左版权的保护，更多地促进"公地喜剧"的产生。这些新概念、新形式的出现，都对执法人员提出了更高的要求。执法人员要不断更新自身知识，加强多学科多部门的交

流，保证高效准确执法。

五、合作共赢，深化开放合作

在产业链高度融合、技术复杂性和研发强度大幅提升、数据要素的重构融合重塑经济发展格局的背景下，在日益复杂的国际形势下，开放合作是全球技术创新的必然趋势。数字经济对促进各国经济复苏、深化国际合作、促进互联互通、加强国际交流、深化全球数字经济务实合作至关重要，大力促进数字经济发展是我国切实提高自主创新能力的必然要求。

科技革命是经济全球化的根本动力，后疫情时代更加需要依靠科技创新推动国际合作。数字技术已成为关系到各国能否抢占新产业革命制高点的决定性因素，数字技术带来的机遇属于世界各国，因此要抓住这一机遇，坚持创新驱动，探索融合发展路径，深化对外开放，提升数字技术创新能力，互利互惠，实现合作共赢。积极扩大数字技术领域开放，稳步推进海外并购、技术型对外投资，积极建立双边、多边和区域等多层次技术合作机制，从而提升技术创新能力。

第二章

现代化新征程中的数字产业化

数字产业是数字经济的基础部分，主要指信息通信产业，具体包括电子信息制造业、电信业、软件和信息技术服务业、互联网和相关服务业等。数字产业化是数字经济的先导，是数字经济发展的根基和动力源泉。本章详细梳理数字产业化的发展现状、发展态势、发展中面临的问题，最后提出相应的政策建议。

◀◀◀ 第一节 ▶▶▶
我国数字产业化现状

数字产业化的核心产业由数字产品制造业、数字产品服务业、数字技术应用业、数字要素驱动业四大类组成，也就是为产业数字化发展提供数字技术、产品、服务、基础设施和解决方案，以及完全依赖数字技术、数据要素的各类经济活动，对应于国家统计局发布的《数字经济及其核心产业统计分类（2021）》中的 26 个大类、68 个中类、126 个小类，是数字经济发展的基础[①]。当前，我国数字产业总体稳健增长，规模逐年上升，数字产业化各行业稳步发展，数字产业内部结构不断优化，基础更加坚实。据中国信通院测算，2020 年数字产业占数字经济的比重为 19.1%。随着以数据驱动为特征的数字化、网络化、智能化深入推进，需要顺应数字技

[①] 国家统计局．数字经济及其核心产业统计分类（2021）[EB/OL]．（2021 - 06 - 03）[2021 - 08 - 19]．http：//www.stats.gov.cn/tjgz/tzgb/202106/t20210603 _ 1818129.html．

术和信息技术快速迭代的趋势，尽早补齐短板，利用数字产业化发展壮大新一代信息技术，实现数字经济高质量发展。

一、数字产业总体稳健增长

数字产业是当前和今后一个时期各地区产业竞争和经济角逐的主战场。从规模上看，我国数字产业总体实现稳步增长。如图 2-1 所示，根据中国信通院发布的数据，2014—2020 年中国数字经济规模逐年上升，数字产业化规模波动增长。2019 年中国数字经济规模达 35.8 万亿元，数字产业化规模约为 7.1 万亿元，同比增长 10.54%，占 GDP 的比重为 7.2%；《中国互联网发展报告 2021》显示，2020 年中国数字经济规模达到 39.2 万亿元，占 GDP 的比重达 38.6%，保持了 9.7% 的较高增长速度，增速位于全球第一；中国数字产业化规模约为 7.5 万亿元；从占比来看，数字产业化占数字经济的比重由 2005 年的 50.9% 下降至 2020 年的 19.1%，但这主要归因于产业数字化的快速增长，并不妨碍数字产业在整体规模上的稳健增长。

图 2-1　2014—2020 年中国数字产业化规模情况

资料来源：中国信通院. 中国数字经济发展白皮书（2020 年）[R/OL]. （2020-07-03）[2021-04-19]. http://www.caict.ac.cn/kxyj/qwfb/bps/202007/P020200703318256637020.pdf.

二、数字产业各行业稳步发展

数字产业主要指信息通信产业，具体包括电子信息制造业、电信业、软件和信息技术服务业、互联网和相关服务业等。从结构上看，数字产业结构持续软化。软件产业和互联网产业占比逐年上升，而电信业和电子信息制造业占比逐渐下降。产业结构不断软化表明我国数字产业内部结构正在持续优化。

（一）电子信息制造业

我国电子信息制造业结构不断优化，保持了快速增长态势。电子信息制造业主要细分行业有通信设备制造业、电子元件及电子专用材料制造业、电子器件制造业和计算机制造业。

根据工信部发布的数据，2019 年规模以上电子信息制造业增加值同比增长 9.3%，增速较上年回落 3.8 个百分点；规模以上电子信息制造业营业收入同比增长 4.5%；利润总额同比增长 3.1%，营业收入利润率为 4.41%。2020 年，规模以上电子信息制造业增加值同比增长 7.7%，增速较上年回落 1.6 个百分点；规模以上电子信息制造业实现营业收入同比增长 8.3%，增速同比提高 3.8 个百分点；利润总额同比增长 17.2%，增速同比提高 14.1 个百分点；营业收入利润率为 4.89%，营业成本同比增长 8.1%。

根据国家统计局数据，2020 年，通信设备制造业营业收入同比增长 4.7%，利润同比增长 1.0%；电子元件及电子专用材料制造业营业收入同比增长 11.3%，利润同比增长 5.9%；电子器件制造业营业收入同比增长 8.9%，利润同比增长 63.5%；计算机制造业营业收入同比增长 10.1%，利润同比增长 22.0%。

(二) 电信业

2020 年,我国电信业发展稳中向好,累计收入 1.36 万亿元,同比增长 3.6%,有利于加快构建 5G 等新型信息基础设施,加快创新行业融合发展,加速打造新增长引擎。2020 年年底我国的 5G 套餐渗透率已超过 20%,发展速度远超预期。

(三) 软件和信息技术服务业

我国软件和信息技术服务已颇具规模,处于快速发展阶段。随着软件与网络深度耦合,软件和信息技术服务业发展不断深化,加快向融合化、网络化、服务化、平台化和体系化演进。2015 年以来,中国软件和信息技术服务业规模以上企业数量稳定在 40 000 家左右。2020 年,中国软件和信息技术服务业企业数量已达到 40 886 家,在疫情的负面影响中持续恢复,整体平稳发展,收入保持较快增长。2021 年前 5 个月,我国实现软件业务收入 33 893 亿元,同比增长 22.6%。2019 年我国实现软件业务收入约 7.2 万亿元,同比增长 16.4%;2020 年实现软件业务收入约 8.16 万亿元,同比增长 13.3%。软件业的赋能作用日益凸显,进入快速发展阶段。2020 年年末,软件和信息技术服务业从业人员 704.7 万人,比上年末增加了 21 万人,同比增长 3.1%;从业人员工资总额 9 941 亿元,同比增长 6.7%。在结构上,软件和信息技术服务业主要分为软件产品、信息技术服务、信息安全产品、嵌入式系统软件四类。图 2-2 展示了我国软件业务收入的增长情况。

图 2-2 2013—2020 年软件业务收入增长情况

资料来源:工信部. 2020 年软件和信息技术服务业统计公报〔EB/OL〕. (2021-01-26)〔2021-08-19〕. http://www.miit.gov.cn/gxsj/tifx/riy/art/2021/art_f6e61bqffc494c0qqea8qfaecb47acb47acd2.html.

其中,2020 年软件产品收入约 2.28 万亿元;信息技术服务收入约 4.99 万亿元,同比增长 15.2%,全国光纤用户渗透率稳居全球第一;信息安全产品和服务收入 1 498 亿元;嵌入式系统软件收入 7 492 亿元。

(四) 互联网和相关服务业

工信部数据显示,2020 年我国互联网和相关服务业发展态势平稳,利润保持两位数增长,业务收入和研发费用增速有所回落。我国规模以上互联网和相关服务业企业完成业务收入 12 838 亿元,同比增长 12.5%,整体低于上年。分行业来看,信息服务收入增速稳中回落,收入 7 068 亿元,同比增长 11.5%,低于上年同期 11.2 个百分点,占 55.1%;互联网平台服务收入增长平稳,收入 4 289 亿元,同比增长 14.8%,低于上年同期 10.1 个百分点,占 33.4%;互联网接入服务收入增速回落,互联网接入服务收入 447.5 亿元,同比增长 11.5%,低于上年同期 20.8 个百分点;

互联网数据服务收入 199.8 亿元，同比增长 29.5%，较上年同期提高 3.9 个百分点。分地区来看，东部地区互联网业务收入增幅回落明显，西部地区 2019 年之前增速持续上升，2020 年受疫情影响有所回落；东部地区互联网业务收入 11 227 亿元，同比增长 14.8%，较上年同期回落 9 个百分点，占 91.9%，西部地区互联网业务收入 497.2 亿元，同比增长 6.9%，较上年同期回落 15.2 个百分点。

三、数字化新型基础设施建设逐步推进

目前，智能基础设施建设的规模还比较小，体系化程度也不高。然而，随着国家对新型基础设施建设的日益重视，基础设施对新一代数字技术的需求快速增加，基础设施建设的投资结构也发生着明显改变。郭凯明等选取了制造业和服务业中与新型基础设施投资密切相关的四个细分行业的投资数据测算了新型基础设施投资的规模，发现传统基础设施投资的增速从前几年的 15% 降低到不到 5%，而计算机、通信和其他电子设备等行业的投资则始终保持两位数增长，信息传输、软件和信息技术服务业的投资增速也超过传统基础设施[1]。在交通方面，中国《"十三五"现代综合交通运输体系发展规划》提出要实现智能技术的广泛应用，并且要求在各种交通方式的信息交换方面取得突破。在城市质量方面，各个城市都在探索创建"智慧城市"。

四、平台经济快速发展

平台经济是数字经济时代下互联网产业的新业态、新模式。平台集聚

---

① 郭凯明，潘珊，颜色. 新型基础设施投资与产业结构转型升级 [J]. 中国工业经济，2020 (3)：63-80.

了各种资源要素，是新经济产业发展的核心枢纽，发展平台经济有利于培育经济发展新动能。

平台经济实现了跨越式发展。平台经济以平台为交易核心，依托实体交易场所或虚拟交易空间，以促成双方或多方进行交易或信息交换为目的，吸引产业链上下游相关主体加入，形成所有参与成员互相联结的多边生态价值网络。我国平台经济自 20 世纪末孕育起步，20 多年来，网民优势、市场优势、后发优势以及政策支持优势聚合发力，共同推动我国平台经济转型实现了跨越发展。一方面，国内早期的新兴平台企业迅速成长为行业巨头。阿里巴巴、腾讯、新浪等新兴平台企业，在电子商务、即时通信、网络媒体等少数先发领域率先兴起。另一方面，平台经济不断拓展行业渗透边界。付费内容、在线直播等新兴领域平台企业不断崛起，交通出行、在线旅游、教育、医疗、餐饮等传统服务业领域独角兽平台企业纷纷涌现。

平台对经济发展贡献巨大。与传统经济不同，平台经济依赖用户的高度参与，存在双边网络外部性，更易实现供求双方信息的精确匹配。近年来，大数据、人工智能、云计算等新技术的广泛应用，使得不同产业通过平台实现跨界融合的现象愈加显著，以互联网平台为代表的新模式、新业态对我国就业增长及经济高效发展贡献巨大。一是平台能够精准对接供需双方，有助于提振消费需求。大部分平台的业务是满足消费者衣食住行等基本需求。通过大数据与人工智能等技术，平台可以实现产品及服务供需的精准对接，高效配置各类生活资料。平台上各类参与者构成大规模网络化、生态化体系，有助于支持社会经济发展，以互联网平台为代表的新模式、新业态在此次疫情防控期间表现出了极强的韧性和相当大的发展潜力。二是平台就业门槛较低、进出自由，已成为吸纳大量社会就业的重要载体。过去几年中，平台经济带动下出现的新就业形态创造了大量就业岗位，增加了劳动者收入并提升了就业质量。例如，网约车平台滴滴出行不仅为司机、代驾两种职业带来了 1 194.3 万个就业机会，还间接带动了 631.7 万个汽车生产、销售及维修保养等就业机会。本地生活服务平台美团点评，创造了线上服务产品交易型就业机会 1 277 万个，商户展示关联就业机会 407.4 万个，形成了丰富的就业生态。三是平台经济带动产业升级，有利于提升服务经济效率、提升公共治理能力。平台经济通过缩短中间环节降低交易成本和不确定性，能够减少传统经济生产和交易过程中的高摩擦和高耗散，从而大幅提升经济效率。平台数据的汇集与分析有利于解决不确定情形下公共治理的决策难题，让政府管理更能做出适应性而非"一刀切"的决策方案。

◀◀◀ 第二节 ▶▶▶

我国数字产业化的发展态势

"十四五"期间，我国数字产业化总体规模将继续稳步增长，向"技术＋平台＋应用"的数字化生态发展。习近平总书记强调："要发展数字经济，加快推动数字产业化，依靠信息技术创新驱动，不断催生新产业新业态新模式，用新动能推动新发展。"① 目前我国已由高速经济增长向高质量经济发展转变，数字产业化是数字经济飞速发展的助推器，是经济社会高质量发展的新引擎。随着以信息技术和数据为关键要素的数字经济蓬勃发展，以电子信息制造、电信、软件和信息技术服务、互联网、物联网、大数据、人工智能、5G 等为代表的数字产业将进入高速发展时期。

可以预料，随着"互联网＋"更广泛地深入人们的工作生活，更多的社会运行规则、经济活动规律、生活方式将发生改变，数字产业化发展空间巨大、发展前景可期。创新发展新零售、新电商、新物流等商业模式，加速数字产业化，推进智能制造、信息技术服务、智慧农业、电商平台等建设，是产业数字化转型进程的基础。

一、数据要素正重塑商业模式

随着数字经济飞速发展，数据要素已经成为促进我国经济社会发展的重要生产要素，数据使用的进一步深化将带来新的产业整合和商业创新模式。首先，围绕数据要素方面的数据采集、数据存储、数据加工、数据流通等环节，将培育起巨大的数据要素市场。事实上，在"十三五"期间，我国数据要素市场已经获得迅速发展。据国家工业信息安全发展研究中心测算，2020 年我国数据要素市场规模已经达到 545 亿元。此外，国家对于培育数据要素市场进一步重视。中共中央、国务院在 2020 年发布的《关于构建更加完善的要素市场化配置体制机制的意见》中，明确把数据和劳动、资本、土地等生产要素相提并论，提出要加快培育数据要素市场。此

---

① 习近平出席全国网络安全和信息化工作会议并发表重要讲话 ［EB/OL］. （2018－04－21）［2019－03－25］. www.gov.cn/xinwen/2018－04/21/content＿5284783.htm.

后，各地方政府也相应出台了相应的政策和法规，进一步推动数据要素市场的建设。可以预见，在未来一段时期内，围绕数据要素，将会建立起规模更大、价值更高、规则更规范的大市场。其次，在数字时代，数据和劳动、资本、土地等要素将进一步深度融合，重构生产组织方式，释放生产力，催生出新业态、新产业和新模式。举例来说，当数据要素和金融相结合时，就改变了传统金融无法解决的信息不对称问题，催生出金融科技这种全新的商业形态。电商平台将数据作为生产要素反馈给制造商，使制造商能够更精准地了解消费者需求，从而在产品设计、生产和销售环节进行大规模的个性化定制，催生出 C2M 这种全新的商业模式。

二、信息基础设施建设正走向全球领先

当前，我国信息基础设施建设规模全球领先。我国已建成全球规模最大的光纤网，移动互联网日益普及，第五代移动通信（5G）商用规模不断扩大，工信部正式发放 5G 牌照，标志着我国正式进入 5G 时代。截至 2020 年年底，我国固定宽带家庭普及率为 96%，移动宽带用户普及率为 108%，新增约 58 万个 5G 基站，已建成 5G 基站 71.8 万个，建成共享 5G 基站 33 万个，5G 终端连接数超过 2 亿个，5G 套餐渗透率已超 20%，5G 建设规模和速度位居全球第一。2021 年，工信部、中央网信办两部门联合印发《IPv6 流量提升三年专项行动计划（2021—2023 年）》，要求：到 2021 年年底，移动网络 IPv6 流量占比超过 20%，固定网络 IPv6 流量规模较 2020 年年底提升 20% 以上；到 2023 年年底，移动网络 IPv6 流量占比超过 50%，固定网络 IPv6 流量规模达到 2020 年年底的 3 倍以上。

国家高度重视新型基础设施的建设。2018 年中央经济工作会议把 5G、

人工智能、工业互联网、物联网定义为"新型基础设施"；2019 年《政府工作报告》强调要加强新一代信息基础设施建设；2020 年国务院常务会议提出要大力发展先进制造业，出台信息网络等新型基础设施投资支持政策，推进智能、绿色制造，工信部召开加快 5G 发展专题会，强调要加快新型基础设施建设，国家发展改革委提出"以新发展理念为前提、以技术创新为驱动、以信息网络为基础，面向高质量发展的需要，打造产业的升级、融合、创新的基础设施体系"的目标。地方政府也出台了新型基础设施建设基金规划，各大科技公司踊跃参与其中。新型基础设施建设提速将提升工业互联网平台的核心能力，助力工业互联网加快发展，为数字产业发展按下快进键。新型基础设施建设的稳步推进，将对各领域、各行业进行数字技术赋能，优化资源配置，连接上下游制造业企业数据，实现全要素、全产业链、全价值链的深度互联，代表了经济转型发展的"新风向"。

新型基础设施建设提速，在中短期将创造大量投资机会，提升发展动能，提升抵抗不确定风险的能力，有助于智能经济、智慧城市加速落地，有助于智能社会加速发展；在长期将为数字经济持续发展提供有力支撑，为经济转型升级注入"数字动力"，推动构建以国内大循环为主体、国内国际双循环相互促进的新发展格局，实现开放共赢。

三、数字平台企业布局工业互联网

党的十九大报告明确指出要"加快建设制造强国，加快发展先进制造业，推动互联网、大数据、人工智能和实体经济深度融合"[1]。随着互联网

---

① 习近平. 决胜全面建成小康社会 夺取新时代中国特色社会主义伟大胜利：在中国共产党第十九次全国代表大会上的报告 [EB/OL]. (2017-10-27) [2021-08-19]. jhsjk. people. cn/article/29613458.

技术的快速发展和我国对制造业重视程度的提高，基于工业互联网的新模式新业态不断涌现，制造业与互联网的深度融合是我国新型工业化的必由之路，本质是提升制造业的水平和层次，为经济发展催生新动能。推动制造业与互联网深度融合，推进"中国制造 2025"，加快"中国制造"提质增效，深化供给侧结构性改革，发展新兴经济的主线是激发制造业的创新活力、发展潜力和转型动力。制造业与互联网深度融合、数字经济与产业深度融合是未来我国经济发展的大趋势。

当前，各大互联网公司纷纷转战工业互联网。一方面，消费端互联网红利瓶颈日益凸显，截至 2020 年 3 月，我国网民数量达 9.04 亿人，网民周平均上网时间达 30.8 小时，消费端互联网难以再见新的增长点。另一方面，企业端互联网潜力日显。截至 2020 年 7 月，全国企业数量达 4 110.9 万户，且大多数企业主体还未接入工业互联网。在技术方面，移动互联网带来海量数据，随之发展起来的人工智能、区块链、云计算、大数据技术威力日显，给建立工业互联网提供了成熟的技术支持。如果说互联网的上半场是消费互联网，那么互联网的下半场就是工业互联网，是互联网与制造业的深度融合。

四、新模式新业态活力不断释放

数字产业化的发展激发了数字经济活力，新模式新业态不断涌现，活力不断释放。数字技术叠加构建了线上线下融合的全新业态，人工智能、5G、云计算、大数据、区块链、网络安全等新兴数字产业竞相发展，直播、短视频大火，VR/AR、自动驾驶方兴未艾，在线教育、医疗、办公爆发式增长。数据显示，2020 年上半年国内电商直播超过 1 000 万场，观看人次超过 500 亿，成为增长最快的应用之一。截至 2020 年 6 月，我国在线政务服务用户规模达 7.73 亿，远程办公用户规模达 1.99 亿，在线教育用户规模达 3.81 亿。"云问诊""云课堂""云会展""云旅游"等新形态产业不断涌现。

作为数字经济最成功的商业模式，平台经济的发展也更趋多元化。互联网向实体产业的渗透，使得平台的产业领域更趋向于多元化，如众包、共享等诸多基于互联网平台的新兴产业领域。众多互联网公司开放数字化技术，使其与实体产业结合，"产业互联网＋产业龙头"的模式正在构建越来越多成功的平台，如腾讯与贝壳找房平台合作，借助 VR 看房等新技术、新模式显著增加了平台的业务量，极大地改变了传统房地产中介行业。平台进入的产业领域日益丰富，其对产业及产业组织变革带来的影响越来越大，正逐步发展为一种经济形态。此次新冠疫情促使一些行业加速将线下业务向线上转移，提高了数字化程度和数字化能力，在线办公、在线教育、5G 等数字经济新模式新业态蓬勃发展；传统产业则加速数字化转型，主动积蓄新动能、孕育新机遇。

五、数字创意引领数字化新趋势

数字创意产业是以文化创意产业为核心，以数字技术为主要工具，以创意和产业化的方式进行创作、生产、传播与服务的新型产业，代表着新一轮科技革命的发展趋势，是我国"十三五"规划确定的战略性新兴产业之一。目前，数字创意产业的应用主要体现在会展、虚拟现实、增强现实、产品可视化等领域。数字技术催生的新文化创意产业，已经远远超越了传统文化产业，可穿戴设备、交互娱乐引擎等新产品不断涌现，数字创意产业不断发展壮大。随着经济发展水平的提高，人民的需求不会局限在物质消费，将更多地转向精神消费。因此，数字创意产业未来大有发展前途。发展数字创意产业需要建设数字创意研究中心、培养技术型数字创意人才、积极参与国际数字创意合作。

◀◀◀ 第三节 ▶▶▶

我国数字产业化发展面临的制约因素

一、持续创新驱动力不足

一是创新体系还不健全。政产学研缺乏深度融合，合作后的成果分配和利益共享机制不健全，削弱了各主体的参与动力；条块分割的制度制约了人才的自由流动；高校不合理的考核制度也使得科研不能面向市场上的重大需求。二是自主创新政策落实还不到位。我国出台了多项促进自主创新的政策，鼓励企业加强自主创新、提升竞争力。然而，一方面，当前重政策制定、轻推动落实的现象依旧存在；另一方面，由于缺少配套的效果评估措施，部分政策在部分地域可操作性不强，或政策宣传服务不到位，使得自主创新政策不能及时落地。三是企业决策者缺乏长远发展的目光，创新意识不强。大多数创新需要较长的周期，需要在长期积累中循序渐进摸索成功之路，技术创新更是一项艰苦且无经验可循的系统工程。但是，我国资本市场急功近利现象严重，部分企业决策者只注重短期收益，将经济效益政绩化，不能很好地处理眼前利益与长远发展的关系，缺乏较强的创新意识。四是垄断阻碍创新。目前我国数字产业中，不少领域市场结构高度集中，导致大型数字平台以追逐资本取代研发创新。比如，大量平台资本并没有被用于攻克关键技术创新，而是涌入"社区团购"这种低技术含量的领域。五是相关知识产权体系仍需完善。我国知识产权保护等法律体系不够健全，对新商业模式缺乏保护，弱化了创新积极性。

二、信息基础设施建设不平衡不充分问题仍然存在

我国信息基础设施建设尽管取得了相当大的成绩，但是仍然存在不平衡不充分的问题。一是地区差异仍然存在。目前信息基础设施在经济发达的东部和南部很完善，但是在中西部和东北地区仍然比较落后。本次疫情实施的停课不停学政策充分暴露了我国中小城镇、偏远贫困地区信息基础设施不完善。二是服务质量和服务价格与电信发达国家仍有一定差距。据M-Lab统计，我国宽带下载速度在全球排名第141位；而据国际电信联盟在2017年的统计，我国宽带套餐价格占居民收入的比重在全球排名第72位。三是海底与空间信息基础设施能力与发达国家差距较大。美国互联网巨头纷纷布局新一代信息基础设施。在海底光缆方面，微软和脸书联合在2017年完成了跨大西洋海底电缆的布设，长度达到6 600公里，传输速度高达160Tbps。在卫星通信方面，美国SpaceX于2015年启动星链计划，计划在10年内建成一个由1.2万颗卫星组成的星链网络。截至2020年4月，星链计划已经完成发射420颗低轨卫星，并正式启动卫星互联网公

测。在国际海底光缆建设运营方面，我国仅有三大电信运营商具备相关资质，国内互联网企业基本缺席。到目前为止，只在上海、汕头和青岛建了5个海底电缆登陆点。

三、产业互联网发展较为滞后

在供给侧改革的大背景下，产业互联网应是进行产业改革、进一步调整供给侧结构的重要载体。近两年来，国内互联网公司巨头、制造企业、软件服务商、工业设备提供商多方位布局产业互联网。按照腾讯创始人马化腾的说法，"移动互联网的上半场已经接近尾声，下半场的序幕正在拉开。伴随数字化进程，移动互联网的主战场，正在从上半场的消费互联网向下半场的产业互联网方向发展"。

第一，产业互联网起步较晚，传统互联网巨头转型效果不佳。与美国相比，我国产业互联网起步较晚。早在 2000 年左右的互联网泡沫期间，微软、通用电气等科技企业就占据了 top10 榜前 7 席，探索了互联网在产业中的初步运用。2000 年，通用汽车、福特、戴姆勒-克莱斯勒联合成立了 Covisint 公司，这是汽车产业链的第一家产业互联网公司，同年，BAE Systems、波音公司、Lockheed、雷神筹建了 Exostar 公司，而我国类似的产业互联网平台航天云网直到 2016 年才成立。从 2020 年全球市值排名前十的上市公司来看，有 7 家都是科技公司，全都涉及产业互联网业务，比如微软 Azure、谷歌云、阿里 B2B 等，但对比其他 5 家公司，阿里 B2B 与腾讯 ToB 业务开展较晚（2018 年），且营业收入及其增速都低于亚马逊云服务、微软 Azure 和谷歌云。

第二，我国专业化产业互联网公司体量与美国公司相比差距巨大。如表2-1所示，产业互联网各领域的中美龙头公司市值体量差距巨大，尤其是在云服务与办公软件领域。

表2-1 中美产业互联网代表公司市值体量差异巨大

领域	美国公司市值（亿美元）	中国公司市值（亿美元）	市值比较倍数
云服务	2 314（Salesforce）	107（金蝶）	21.6
办公软件	21 700（微软）	259（金山）	83.8
企业软件	1 730（SAP）	208（用友）	8.3

资料来源：笔者根据百股经数据整理。市值以2021年8月9日收盘价为准，汇率以2021年8月9日中国银行汇率为准。

第三，应用场景分布不平衡。从应用端看，国内外产业互联网应用场景分布差异较大。艾瑞研究院《2018年中国工业互联网平台研究报告》的数据显示，国外产业互联网设备管理服务应用占比为49%，远高于国内的27%，这反映出国外数字产业化水平较高，工业数据分析能力较强，应用占比较大；而国内在资源配置协同方面的应用占比为21%，远高于国外，其中金融服务占比7%，高于国外的2%，凸显出我国利用产业互联网平台解决贷款难等问题的创新性应用较多。

产业互联网发展滞后的原因有三。第一，我国产业数字化水平远远落后于国外。产业互联网的发展主要受制于互联网发展水平与产业数字化水平，我国主要在产业数字化方面与美国差距较大。以制造业为例，中国制造业发达，数字化发展意愿较强，但数字化工厂所占比例仅为欧美的一半。第二，产业链中数据规制不完善。一是缺乏统一权威的数据标准。企业生产的数据，由于属于不同的工业种类，应用于不同的场景，因此格式差异大，不统一标准则难以转化为有用资源，而且我国在工业领域标准的研制和推广方面仍处于起步阶段，市场接受度也有待提高。二是数据安全有待保障。工业数据的安全要求远高于消费数据，工业数据通常是企业的核心竞争力，其在采集、存储和应用过程中一旦泄露，就会给企业和企业用户造成巨大危害。若相关法律法规不到位，不能给窃取数据者以有威胁的惩罚，数据安全就得不到保障，产业链数字化就存在很大问题。三是数据共享和开放程度有待提高。产业链上下游企业信息、政府监管信息、公民基础信息等，必须有更高的开放度，才能进行有效整合，才能产生应用价值。第三，相关企业缺乏产业互联网思维。我国企业普遍缺乏对产业互联网的深层次认识，仍然以快速消费品、流量制胜等老观念来衡量该领域也是产业互联网发展滞后的原因。产业互联网的核心不再是流量，而是提质增效，产业链中各个经济主体需要协调合作，用"共创、共赢、共享"的理念取代消费互联网赢者通吃的理念。

四、平台经济发展有待规范

平台规则不规范，需要区分两种情况：一种是传统经济中不规范的老问题，这类问题往往不是由平台直接引起，但是却在数字平台时代被进一步放大，从而产生了更严重的影响；另一种是平台经济带来的新的不规范问题。由于两类问题产生的根本原因不同，因此需要分别进行分析。

传统经济中不规范的老问题包括侵权假冒、虚假宣传、虚假促销、传播违法信息、虚假广告等一系列问题。这些问题虽然在数字平台的作用下被放大，但并不是由平台直接引起的。表2-2列举了网络交易类平台上部分传统经济中不规范的老问题。

表 2－2　网络交易类平台主要问题监测情况

问题归类	数据来源	数据指标	2015 年	2016 年	2017 年
总体情况	国家市场监督管理总局	网络交易违法案件查处数（件）	—	10 638	22 000
		网络购物投诉量（件）	14.6 万	24.1 万	68.57 万
侵权假冒	国家知识产权局	电子商务领域专利执法办案量（件）	7 644	13 123	19 835
	中国消费者协会	网络购物假货投诉量（件）	245	1 314	1 264
		网络购物中假货投诉量占总投诉量的比例	1.28%	6.05%	4.35%
	国家市场监督管理总局	电子商务产品不合格检出率	26.92%	27.30%	25%
虚假宣传	中国消费者协会	网络购物虚假宣传投诉量（件）	1 344	2 214	3 546
		网络购物中虚假宣传投诉量占总投诉量的比例	7.01%	10.20%	12.20%
	信用中国	"双 11" 期间使用广告禁用语内容的商品比例	—	42.19%	26.02%
虚假促销	中国消费者协会	"双 11" 虚假促销商品比例		16.70%	6.10%
	信用中国	"双 11" 价格 "明降暗增" 商品比例	53.57%	—	29.43%

资料来源：中国信通院. 互联网平台治理研究报告（2019 年）［R/OL］. （2019－03－01）［2021－08－19］. http：//www. caict. ac. cn/kxyj/qwfb/bps/201903/P020190301352676530366. pdf.

平台经济带来新的不规范的问题包括如下几个方面：其一，平台企业与平台建立的市场中参与主体之间的冲突问题；其二，平台垄断与滥用市场支配地位问题；其三，平台数据使用与消费者隐私保护以及国家数据安全问题；其四，平台进入金融领域不规范、资本无序扩张的问题；其五，平台企业责任边界如何界定的问题。表 2-3 列举了部分平台的垄断行为。

表 2-3　大型平台垄断行为举例

平台	垄断领域	焦点问题	具体表现
谷歌	在线搜索	垄断地位传导	迫使垂直网站交出有价值的数据；利用搜索优势进入邻近市场；利用与安卓手机制造商的合同排挤竞争对手；干预搜索结果排序
脸书	在线广告和社交网络	早期并购问题、平台封闭问题	并购 Instagram、WhatsApp 阻碍创新和竞争；禁止外部社交服务商使用"社交图谱"
亚马逊	中小型卖家和供应商	平台中立问题	利用平台优势收集第三方数据改善自营商品，打压中小第三方经销商，偏袒自己的产品
苹果	iOS 设备商的应用	平台中立问题、算法滥用问题	应用搜索结果排序倾向于苹果自己的软件；对其他应用软件收取 30% 的收入作为佣金

资料来源：根据《数字市场竞争状况调查报告》整理。美国众议院. 数字市场竞争状况调查报告 [EB/OL]. (2021-01-17) [2021-08-19]. http://www.199it.com/archives/1134717.html.

五、数据要素市场化建设有待完善

数据是一种全新的生产要素，具有其独特性。其重要的两个特点就是具有非竞争性、与消费者隐私高度相关。数据要素市场的建设和完善完全没有成熟的经验可循。数据要素市场的建设面临以下三个方面的难点：数据产权界定、个人隐私安全以及数据垄断。

（一）数据产权界定：数据的特殊性使其确权较为困难

数据产权界定一般指通过社会强制实现的对就数据的多种用途进行选择的权利的界定，数据要素的确权是数据收集、使用和共享的前提。

尽管数据要素在商业上的应用越来越广泛，但是数据的交易却因为产权界定问题进展缓慢。开放免费的公共数据存在质量差和使用价值不高等问题，而非公共数据又因为隐私问题和商业秘密等原因被个别平台企业所独占。这使得在目前数字经济迅速发展的背景下，海量的数据分享动机不够强、利用率较低。例如，菜鸟网络与顺丰的分歧、淘宝与美景案、微博与脉脉案、大众点评与百度案，本质上都是数据竞争。数据产权问题已经成为平台企业难以回避的竞争焦点。但是，由于数据具有非排他性这一特殊属性，因此在平台企业对其的使用过程中，数据的占有权、使用权、收益权和处置权等相关权利的界定与传统生产要素相比更为困难。

（二）个人隐私安全：隐私保护与经济发展矛盾凸显

平台经济的发展要求必须使用个人数据才能为消费者提供服务，部分涉及个人隐私的数据被平台企业收集在所难免，例如高德地图和百度地图导航所需要的地理位置、各银行人脸认证所需的个人照片、淘宝和京东等网购平台个性化推荐所需的消费记录等，同时还可能存在个人信息被过度收集的隐患。而一旦这些个人隐私数据被泄露，消费者的人身财产安全就将受到威胁。且由于各平台企业拥有的数据量巨大，因此一旦遭到泄露，就几乎会对每个人造成不可估量的危害。例如，仅北京瑞智华胜科技股份有限公司一案，就有30亿条用户个人信息被非法窃取，涉及百度、腾讯、阿里、京东等全国96家互联网公司的产品。

然而，强调隐私保护情景下的数据与商业情景下的大数据所关注的对象并不等同。强调隐私保护情景下的数据一般对应单个个体的数据，商业情境下使用的是某特定群体的大数据集，二者并不完全是总和的关系。例如，平台企业可以根据后台数据库，进行用户画像分析，生成的分析结果并不涉及具体个人情况，但如果这部分数据被泄露和非法利用，包含在其中的个人隐私就会受到侵犯。这就导致数据价值和数据安全所规范的数据并非同一层次的数据，产生的矛盾对数据要素的规制提出了新挑战。

（三）数据垄断：利用数据限制竞争的行为越发普遍

数据垄断主要指平台对数据资源的垄断和平台依靠数据排除或限制竞争的行为。虽然平台企业可以通过独占海量的数据进行服务质量升级，但独占大量数据的平台企业更容易利用数据通过算法合谋、滥用市场支配地位和经营者集中等方式实施垄断行为，从而限制市场自由竞争、降低消费者的福利和整体市场的创新活力。

现如今，海量的数据为少数超级平台所掌握，平台经济具有显著的少数大企业主导的特征，市场集中度较高。根据中国信通院的报告《平台经济与竞争政策观察（2021）》，2020 年我国即时通信、移动支付、游戏直播、电商直播、网络音乐、搜索引擎等市场 CR4 均超过 90％，绝大部分细分领域市场份额均被少数头部平台企业占领，市场竞争格局呈现出高度集中的特点。平台企业滥用市场支配地位的行为频频出现，比如强迫进行"二选一"、"大数据杀熟"等。就"大数据杀熟"这一行为而言，部分在线旅游平台向那些对平台具有较强依赖性、需求弹性较小的老用户收取更高的价格。2019 年北京市消费者协会公布的调查结果显示，56.92％的被调查者表示有过被"大数据杀熟"的经历。平台企业利用手中的数据实施数据垄断行为已屡见不鲜，长此以往很有可能阻碍经济的正常发展。因此，数据垄断行为亟须加以重视并予以规制。

◀◀◀ 第四节 ▶▶▶

推动我国数字产业化发展的建议

一、完善创新体系，攻克关键技术

要继续完善政产学研深度融合的创新体系，攻克数字产业中的核心技术。充分发挥行业企业、信息企业、高校和科研院所各自的优势，联合攻关，推动行业专业软件、大规模数据分析技术等核心技术的开发和大规模商业运用；继续完善知识产权保护体系，给创新者提供足够强的激励，同时也要防止国外高科技企业滥用知识产权垄断地位；鼓励企业自主创新，尤其是引导资本市场更关注中长期创新投资；加强反垄断与公平竞争审查，既要防止市场垄断，又要防止行政垄断，保障市场公平竞争，维持市场创新活力。

二、高质量推进信息基础设施建设

一是加大中西部和东北地区的信息基础设施建设，新建或者扩容市与县、县与镇之间的光缆、通信杆路/管道、光传输设备，新建或者扩容相关区域内县城和乡镇驻地城域传输网、IP城域网节点设备。二是进一步加大电信服务业的改革力度，进一步提升宽带性能，降低入网价格，进一步提升电信服务的可获性、非歧视的可接入性和广泛的可购性。三是在信息基础设施建设过程中优化融资方式，可以适当引入社会资本，激发社会资本的积极性。美国星链计划以及微软和脸书建设海底电缆的案例说明鼓励互联网企业积极参与也是可行的方法之一。四是为信息基础设施找到更多应用场景，以场景应用来带动建设。以5G为例，尽管5G功能大大强于4G，但是对于普通消费场景而言，4G已经够用，从而在消费端缺乏使用5G的激励。因此，必须为5G找到更多的应用场景，以支撑铺建5G的高昂成本。

三、加快发展产业互联网

首先是继续推进企业数字化转型，尤其是中小企业数字化转型。要建立产业互联网，企业数字化转型是核心，其中中小企业数字化转型更是核心中的核心。要解决中小企业不能、不愿、不敢进行数字化转型的问题，可以采取以下措施：

一是丰富中小企业数字化转型的服务供给。可以着重培养一批智能化、网络化、数字化的服务商，甄选一批基础性工业应用软件，发布一批数字化解决方案。二是充分发挥平台企业和行业龙头企业在建立产业互联网中的独特优势。产业互联网要求对供给侧进行柔性化改造，以满足大规模定制化生产的要求。由于涉及对全产业链的改造，因此单凭某个中小企业是无法实现这个目的的，这个时候需要平台企业和行业龙头企业的帮助。平台企业和行业龙头企业在市场上积累了大量的数据、资源、经验和技术，其独特的优势有助于帮助中小企业进行数字化转型。平台企业和行业龙头企业搭建工业互联网平台各有优势。平台企业在信息化方面更有优势，而行业龙头企业在整个产业链中耕耘多年，在行业知识方面有压倒性优势。目前成功的模式既有平台企业主导型的，也有行业巨头主导型的，未来应该鼓励平台企业和行业龙头企业充分发挥彼此的优势，搭建产业互联网平台。三是加强中小企业数字化转型的宣传和交流工作。政府可以牵头做数字化转型交流平台，宣传和展示成功的数字化转型案例，提供中小企业数字化转型交流机会。四是加大对中小企业数字化转型的政策支持力度，包括在金融领域进行改革突破，推进企业将数字化转型中收集到的数据作为重要资产进行相应融资的试验；继续加强数字人才的培养和培训，一方面鼓励企业引进高素质数字人才，另一方面为企业员工提供相应的数字化转型培训。四是继续完善数据规则，统一制定相应的数据标准，加强数据安全的管理和建设，完善数据共享机制。五是鼓励企业转变"赢者通吃"的消费互联网思维，建立共建共生共享的产业互联网思维，合作共赢，推动产业互联网生态圈健康成长。

四、依法进行平台反垄断，规范平台行为

重视典型案件的引领作用，增强《反垄断法》的威慑力，防范龙头平台的机会主义倾向。要及时查处严重妨碍公平竞争和损害消费者权益的典型案例，确保数字平台对《反垄断法》心存敬畏，从而真正维护市场竞争、重视研发创新。2021 年 4 月 10 日，国家市场监督管理总局发布了对阿里巴巴"二选一"案的行政处罚决定，在综合考虑其违法行为性质、程度和持续时间等因素的基础上，处以 2019 年销售额 4% 的罚款。阿里巴巴"二选一"案作为数字平台滥用市场支配地位第一案，不仅使监管方有据可依，而且使平台方能有针对性地纠错。

更新数字平台反垄断执法的理念和工具，更加重视研发创新的动态效

率，更加重视开发动态性指标，避免从宽松监管的极端走向过度监管的另一个极端。具体措施的制定可以从三方面入手。第一，建立动态效率分析框架。一个有益的尝试是，在通用的静态均衡分析框架的基础上，阐释数字平台竞争的动态演化过程。在阿里巴巴"二选一"案的相关市场界定方法中，执法机构以淘宝和天猫直接对应的交易型双边平台为起点，按照紧密替代标准，从经营者需求、消费者需求和供给角度分别进行替代分析，并比较了 B2C 网络零售、C2C 网络零售等多组相近交易模式，最终界定的相关商品市场为"网络零售平台服务市场"。这种分析框架既可延续传统替代分析思路，又能充分体现数字平台的特征。第二，建立动态指标"工具箱"。在通用反垄断工具的基础上增加动态性指标，特别是将反垄断工具放在一个足够长的时间跨度中考虑，避免只关注平台经济行为或政府干预行为的短期影响。第三，建立动态执法"政策库"。综合采取企业政策、教育培训、约谈、指导整改等手段，丰富执法工具。

在数字平台反垄断的抓手上，应当更突出类型化，"一把钥匙开一把锁"，增强反垄断执法的精准度和可操作性。一是将平台业务类型化，按照市场导向将数字平台分为基础平台、主导平台和应用平台。其中，基础平台提供互联网基础接入服务，涉及的反垄断问题较少；主导平台包括搜索引擎、社交媒体、门户网站，市场集中度较高，是反垄断执法的重点难点；应用平台包括电子商务、网约服务、移动支付等，这类平台业务多样、竞争性强，对其反垄断执法应当审慎包容。二是将垄断行为表现类型化，这需要反垄断执法机构逐一细化平台的行为外观、行为对象、行为方式、行为效果，区分可能存在的正当理由和必然构成违法的判定标准。数字平台反垄断的类型化是一项长期工程，需要更广泛的法律主体共同参与。首先，分专题深入梳理《反垄断法》《反不正当竞争法》《电子商务法》，并根据平台特征做出进一步的司法解释。其次，及时调整上述法律存在交叉或冲突的地方。此外，坚持"开门立法"的原则，广泛征求国务院反垄断委员会成员单位，地方市场监管部门，国有、民营、外资等各类市场主体和社会公众意见，与欧盟、美国等主要司法辖区反垄断执法机构深入交流。

在数字平台反垄断的体系上，应探索数字平台内外协同的治理格局，并以此作为提高执法透明度的制度保障。数字平台对全社会都有影响，因此需要全社会共同监督。内部治理包括三个方面：平台自治、消费者反馈与商家举证。其一，加强平台自治，在政府引导的前提下，充分发挥平台自治作用，并为潜在经营者进入平台提供制度保障。其二，加强消费者监督，需要完善平台用户的反馈评价功能、完善消费者诉讼制度。其三，加强商家监督，需要畅通平台内经营者发声渠道，鼓励商家在反垄断调查中积极举证。外部监督同样包括三个方面：政府执法、社会组织协助与公众监督。其一，强化政府执法，需要明确反垄断机构与其他监管机构的目标和分工。不要把所有问题都归到反垄断机构，而应当让反垄断机构回归到经济目标本身，并将其他非经济目标分别委托于相对独立的执法部门。其二，倡导社会组织协助，需要加快数字服务平台第三方信用机构建设，统一平台信用技术标准和认证流程。其三，重视公众监督的力量，尽量在反垄断审查的每个程序节点上都保持公开透明。透明、高效、全面、有力的反垄断执法本身对经营者就是很有效的告诫与合规培训。

五、构建完善的数据要素市场

明确界定数据产权。合理界定数据产权应以实现社会福利最大化为目标。第一，根据数据处理主体的不同，可以对数据产权主体进行进一步类型化。根据场景性公正原则，结合数据具体的使用场景、使用过程的参与者等因素，本着能够更好地体现公平公正以及最大限度地实现数据价值的原则来确定数据产权。第二，融合区块链等技术手段。由于区块链是一种不可篡改的分布式记账系统，链上的数据具有时间戳且不可篡改，因此利用区块链技术进行溯源或许可以为数据确权提供一种更好的解决方法。此外，利用区块链具有的可追踪的特性，可以知道数据是否曾被使用、曾被谁使用、曾被用于做什么，从而更有效地对数据进行管理，防止数据被再次复制、传播，有利于界定和保护数据产权。第三，具体到数据要素的交易机制，可以将经济主体对数据要素的权益作为用益权，而不是所有权。由于同样的数据要素通过无成本的复制能被两个经济主体同时"拥有"，因此用所有权就难以解释经济主体与数据要素的关系，此时用益权就能较好地解释交易后的数据要素权益。第四，将数据要素交易解释为一种服务。数据所有者向数据购买者提供数据服务，服务期内数据所有者不仅提供数据，还可以提供数据更新、技术支持等服务。合同中可以规定到期后对数据进行何种处理，而且一个数据提供者可以向多个数据购买者提供数据服务。

完善隐私保护政策。现阶段对隐私保护政策的主要担忧是过度严格的隐私保护政策会阻碍数字经济的发展，因此可以考虑以下几个方面：第一，隐私问题涉及个人数据，对隐私的立法可以重点关注个人数据，同时应充分考虑大数据时代下个人隐私泄露的问题，以平衡隐私保护和经济发展。第二，对于个人数据，可以使用加密手段，实现个人数据的脱敏。平台企业在应用时对个人隐私数据进行匿名化或加密处理，以回应公众对隐私的关切；政府对自身的数据收集与共享行为也要有更严格的规定，要加强内部控制，尤其是政府内部无法处理数据，在与平台企业进行数字技术合作时，必须加强对数据安全的监管，进行有效脱敏，从数据源头上保护个人隐私。第三，对涉及公共利益的问题，如科研等，可以在一定程度上放松。第四，我国的国情是公民缺乏隐私意识、隐私监管不严，因此，在制定隐私保护政策的同时，有必要增强公民的隐私保护意识，在收集和使用数据方面加强对平台企业的监管。第五，区分个人数据和个人信息。我国在《民法典》中采取了区分个人数据和个人信息的立法安排，有条件地对二者加以灵活切割，保障个人数据的合理商业应用。需要特别注意的是，在我国国情下，隐私保护政策没有过度严格的风险，即使现有的隐私保护政策切实执行，也难以影响数字经济的大局。相反，如果隐私保护政策长期不落地，则反而会对数字经济的发展造成负面影响。

在对数据垄断进行治理的过程中，政府应该激励企业利用数据产生社会效益。具体措施可以从两个方面入手。一方面，鼓励数据收集企业在获取收益的同时，在适当的范围内共享数据，并提供相应的配套政策。数据作为企业的一种重要的生产要素，有着类似于知识产权的影响。数据能够给企业带来丰厚的收益，如果数据由社会共享的话，则能够带来更大的社会效益。另一方面，反垄断可以借鉴知识产权的保护方法。与治理知识产权垄断相似，对数据垄断的治理也需要权衡事前效率和事后效率：事前效率上，政府需要激励企业投入大量资金开发技术收集数据，企业如果预期数据会被强制共享，则将减少自身收集的数据，这样反而会让市场失去动态效益；事后效率上，企业收集到的数据能够共享给其他企业，从而产生社会效益。这就需要政府对企业做出承诺（类似《知识产权法》），比如在数据收集之后的一段时期内不需要强制共享给其他企业或机构，保证企业能够享受收集数据带来的收益和回报，这样才会激励企业进行前期的数据收集。长期来看，在企业利用收集到的数据获得了足够的回报之后，数据就需要以某种特定的形式进行社会共享，在产生社会效益的同时也能够降低企业实施数据垄断行为的可能性。

第三章

现代化新征程中的产业数字化

产业数字化，主要是指传统产业应用数字技术和数据资源以增加产出和提升效率，是数字技术与实体经济的融合，是融合驱动型新产业模式和新业态，是获取、传输、存储、处理和应用数据的过程。其通过新型信息技术与产业的深度结合，实现各产业的数字化升级改造，落脚点是实体经济。本章详细梳理了产业数字化的现状和特点、发展趋势、发展中面临的问题，最后提出相应的政策建议。

◀◀◀ 第一节 ▶▶▶

我国产业数字化转型的现状和特点

产业数字化指的是传统产业的数字化转型和升级过程，主要涵盖智能制造、智能交通、智慧物流、智慧农业、数字金融、数字商贸、数字决策、数字政府、数字社会等数字化应用场景，对应于国家统计局发布的《数字经济及其核心产业统计分类（2021）》中的 91 个大类、431 个中类、1 256 个小类①。数字技术已经并将进一步深度渗透国民经济各行业并与其广泛融合。

2016 年习总书记在中共中央政治局第三十六次集体学习时强调，要加

---

① 国家统计局. 数字经济及其核心产业统计分类（2021）［EB/OL］.（2021 - 06 - 03）［2021 - 08 - 19］. http：//www. stats. gov. cn/tjgz/tzgb/202106/t20210603 _ 1818129. html.

大投入，加强信息基础设施建设，推动互联网和实体经济深度融合，加快传统产业数字化、智能化，做大做强数字经济。要利用数字化推动传统产业智能化、高端化、绿色化，完成传统产业改造，推动产业数字化转型。工业上，加强自主创新，深化研发设计和生产、运营和管理、市场服务等环节的数字化应用，实施"上云用数赋智"行动，推动数据赋能全产业链协同转型，实现产业数据互联互通，建设具有国际水平的工业互联网平台和数字化转型促进中心，培育发展个性定制、柔性制造等新模式，加快产业园区数字化改造；服务业上，加速培育众包设计、智慧物流、新零售等新增长点；农业上，推进农业生产经营和管理服务数字化改造，加快智慧农业发展。当前，全球产业数字化转型已成必然趋势。

当前我国产业数字化速度不断加快，制造业数字化转型稳步前进，产业数字化在数字经济中占比超过 80%。据统计，自 2005 年以来，中国产业数字化规模年均增速超过 25%，远超同期 GDP 增速。

各产业数字经济的渗透率逐年递增。2020 年农业、工业、服务业数字经济的渗透率分别达到 8.9%、21.0%和 40.7%，均高于 2019 年（2019年分别为 8.2%、19.5%和 37.8%），但低于世界水平。这意味着我国在产业数字化方面还有很大的发展空间。产业数字化加速推进，工业领域数字化转型进入加速发展期。

一、产业数字化转型稳步推进

虽然我国产业数字化转型起步较晚，但作为数字经济发展的强大引擎，在"双循环"新发展格局下，产业数字化转型稳步推进。中国信通院发布的《中国数字经济发展白皮书（2020 年）》显示，2020 年，我国产业数字化规模达 31.70 万亿元（见图 3-1），占数字经济的比重为 80.9%，5G 商用已成为推动产业数字化加速发展的主要动力。服务业、工业、农业数字经济占行业增加值的比重分别为 40.7%、21.0% 和 8.9%，产业数字化转型提速，服务业数字化实现爆发式增长，融合发展向深层次演进。数字化转型已经不再是口号。宏观层面，世界经济深度下滑，国际贸易摩擦加剧，国内经济下行压力增大；企业层面，疫情引发连锁反应，激发企业自主创新，运用数字化手段降低成本。这成为企业数字化转型的内部和外部驱动力，越来越多的传统企业聚焦数字化转型。

图 3-1 2014—2020 年中国产业数字化规模情况

资料来源：中国信通院. 中国数字经济发展白皮书（2020 年）[R/OL].（2020-07-03）[2021-04-19]. http://www.caict.ac.cn/kxyj/qwfb/bps/202007/P020200703318256637020.pdf.

"十四五"规划纲要为推进产业数字化转型制定了清晰的路线图，提出实施"上云用数赋智"行动、推动数据赋能全产业链协同转型等是"十四五"期间经济增长的重要内容。在多重利好政策推动下，产业数字化主引擎地位不断巩固并将带动经济规模持续扩大。数字经济是一种社会化水平更高的基础性、创新性经济模式，影响着未来国家间的经济竞争。今后应提升关键领域核心自主创新能力，协调各区域不同产业数字化发展布局，加强新型基础设施建设，确保数字经济高质量发展。

产业数字化转型主要由内在推力和外在拉力共同驱动。内在推力主要体现为数字技术赋能（前沿技术、数字层、平台层、物理层）和经济模式变革（新业态、新模式、新管理）；外在拉力主要体现为治理模式创新（数据治理、可持续发展、人才支撑）和基础保障（新型基础设施建设、新型管理体系）①。

二、生产方式转向需求拉动

产业数字化使得生产方式由供给推动模式转向需求拉动模式。产业价值创造由传统的生产者导向转为消费者需求导向，高素质和高技能的消费者参与生产各个环节，参与顾客价值创造，成为价值共同创造者，成为更好地联结供给和需求的力量，有助于企业转变生产方式。

产业数字化要求企业的生产方式特别是组织方式发生变革，从传统的供给推动消费增长转变为根据消费者需求进行定向生产，以满足消费者差异化、个性化的需求，即以消费者为中心，对渠道、营销、供应链等全部环节进行数字化改造。

三、产业、行业差异性明显

从数字经济占比来看，2020 年农业、工业、服务业数字经济的渗透率

---

① 柳俊. "双循环" 新发展格局下的产业数字化转型 ［EB/OL］. (2021 - 08 - 14) ［2021 - 08 - 19］. https://www.sohu.com/a/483290010_100276736.

分别达到 8.9%、21.0% 和 40.7%，存在明显产业差异性；从行业方面看，2019 年数字化人才 46.6% 来自 ICT 行业，20.9% 来自制造业，6.8% 来自金融业，6.6% 来自消费品行业，仅 0.1% 来自农业。从以上数据可以看出，服务业是产业数字化发展势头最强劲的领域，数字人才向传统行业渗透主要集中在服务业、制造业、金融业和消费品行业，软件与 IT 服务业和制造业是当前拥有数字人才最多的两大行业。结合其他研究数据，可以看出人工智能、区块链是数字经济的新引擎，人工智能、区块链、云计算和大数据分析等更能吸引高精尖数字化技能型人才，数字人才分布呈现出明显的"南强北弱"的特点，数字人才逐渐向中心城市聚集。

四、运用广度、深度不足

随着我国在人工智能、区块链、云计算和大数据等数字技术领域的研发创新取得更大的进展，我国数据获取与分析能力大幅提升，数据赋能与技术赋能使得我国产业数字化、智能化转型提挡加速。我国要抓住数字产业变革的机遇，在数字技术成为创新新动能、数字化服务日益普及和数字化贸易日趋成熟的背景下，助推产业转型升级。但同时，我们需认识到，我国产业数字化的广度、深度不足，尤其是制造业、农业等领域。

以制造业为例，我国在制造业数字化的几个核心领域发展水平较低：一是智能制造；二是人机协作；三是信息整合；四是数据决策。例如，在智能制造方面，我国智能传感器产业面临着关键技术弱、市场占有率低等困境；在人机协作方面，工业机器人使用密度仅为美国的 22%，先进制造技术的普及有待加强；在信息整合方面，我国目前企业上云率仅为 30%，远低于美国的 80%，并且关键工序数控化水平较低；在数据决策方面，我国智能数据分析与决策能力也落后于发达国家，目前仍侧重于信息基础技术。

五、融合驱动引发产业变革

以大数据、物联网、云计算为代表的数字信息技术以高效率的信息计算和信息传递打破了数据要素流动的时空局限，促使数字经济与传统产业不断加速融合，推动产业链、供应链与价值链重塑。"互联网＋"不仅带来了网约车、外卖、共享单车等一系列"新面孔"，还向农业、工业、服务业延伸，催生出一系列符合产业升级和消费升级方向的新模式和新业态。数字化引发了生产制造技术和产业组织方式的变革，大幅拓展了产业链的延伸空间，推动产业链形态由简单线性模式向复杂网络组织模式动态演变，因而产生了工业互联网的概念。工业互联网具有较强的协同性，上游通过智能设备实现工业大数据的收集，再通过中游工业互联网平台进行数据处理，最后在下游企业中进行应用。基于高度连接与协同的组织网络，各分工主体间的信息共享和生产协同水平得到大幅提升。

产业链组织分工对地理空间邻近的依赖程度的下降，使得以追求知识溢出、规模经济、范围经济和规避交易成本为动机的地理空间形态集聚趋向于转变为以数据和信息实时交换为核心的网络虚拟集聚。上述转变使得产业链组织分工能够更充分地发挥区域资源要素的比较优势，从而带动更大空间中的个体参与组织分工。数字经济下，产业链组织形态发生转变并突破了地理空间对组织分工的硬性约束，制造业产业链分工边界得以大幅拓展，也推动了产业链重构与制造企业转型升级。

◀◀◀ 第二节 ▶▶▶
我国产业数字化的发展趋势

产业数字化作为数字经济重要的组成部分，在数字经济中的占比越来越大，未来产业数字化将向专业化、智能化、平台化和场景化升级。

一、全产业链数字化加快落地

近年来，中央和地方陆续出台了关于"互联网＋"和数字经济发展等的一系列政策措施，推进互联网与产业融合快速落地。产业互联网在疫情防控和复工复产过程中发挥了重要作用，中央多次提出加快新型基础设施建设，大力完善5G、云计算、大数据等数字基础设施，加快各行各业的数字化进程。

数字经济包括通信产业链、计算机基础技术产业链、软件产业链、互联网产业链、电子商务产业链等。目前，数字经济与实体经济融合走向纵深：一是融合深度逐步提高，数字经济应用水平不断提升，单环节数字化向全链条数字化转型，信息整合加速转向智能决策；二是融合生态加速构建，企业同解决方案提供商、硬件企业、平台企业等的合作更加广泛；三是综合载体不断完善，工业互联网日益成为大数据与实体经济融合发展的关键载体和现实路径。

二、共建共享共生成转型关键

共建共享与共生共享是共享发展理论的双重逻辑。共享的方式多种多样。共建共享与共生共享是社会利益构成的新模式。产业数字化转型通过共建共享与共生共享,可以实现合作共赢,因为两种共享的目标都是共同富裕。要利用共建共享共生有机结合的互补关系,形成多边、跨界融合的新型产业生态,助力产业数字化成功转型。

三、产业互联网仍将快速演变

产业互联网的主要服务对象是企业,旨在为企业生产经营提供数字化服务,推动其提质增效。国家高度重视产业互联网的发展。2019 年国家发展改革委和中央网信办联合发布《国家数字经济创新发展试验区实施方案》,提出要以产业互联网平台、公共性服务平台等作为产业数字化的主要载体。2020 年国家发展改革委和中央网信办再次联合印发《关于推进"上云用数赋智"行动培育新经济发展实施方案》,提出要构建多层联动的产业互联网平台。2021 年中央财经委员会第九次会议指出,要加速用工业互联网平台改造提升传统产业、发展先进制造业,支持消费领域平台企业挖掘市场潜力,增加优质产品和服务供给。可见,国家在战略上高度重视产业互联网的发展。

在产业界,各大互联网公司纷纷转战产业互联网。一方面,消费互联网红利瓶颈日渐显现;另一方面,产业互联网发展潜力逐步凸显。与消费互联网相比,产业互联网蕴含着更大的潜能。从链接数量来看,消费互联网实现的是人与人之间的链接,链接数量有上限;而产业互联网实现的是物与物之间的链接，包括人、设备、产品、软件等，链接数量与消费互联网不在同一个量级上，可达百亿级别。从重要性来看，产业互联网对国民经济的重要程度远远大于消费互联网。消费互联网主要是解决供给需求信息不对称的问题，核心功能是提高市场交易的效率，对生产端效率的影响不大；而产业互联网却直接影响生产端的生产效率，为生产端的个性化产品设计、生产自动化、数字化营销赋予更强大的能力，能优化企业组织结构、提升生产率，是供给侧提质增效的重要抓手。随着人工智能、云计算、大数据等数字技术的日渐成熟，可以预见，产业互联网将会迎来一个蓬勃发展的新时期。

四、"上云用数赋智"成转型助力

"十四五"规划纲要为推进产业数字化转型制定了清晰的路线图，提出要实施"上云用数赋智"行动，推动数据赋能全产业链协同转型。在重点行业和区域建设若干国际水准的工业互联网平台和数字化转型促进中心，深化研发设计、生产制造、经营管理、市场服务等环节的数字化应用，培育发展个性定制、柔性制造等新模式，加快产业园区数字化改造等。通过"上云用数赋智"推动数据赋能全产业链协同转型，加快利用数字技术推动产业转型升级已成共识。我国会继续深入推进企业数字化转型，打造上下游全产业链跨行业融合的数字化生态体系。

五、柔性制造渐成趋势

随着网络日益发达，人们的个性化需求日益增加。为满足差异化的消费需求，能够生产某种范围的产品族的柔性制造逐步成为众多企业尝试的生产方式。在电子商务领域兴起的 C2B、C2P2B 等模式体现的正是柔性制造的精髓。其小批量、多品种的特点，可以更好地适应消费结构的升级，满足买方市场和消费者的个性化需求，倒逼厂商和企业转变传统生产方式，发力柔性制造。因此，具有个性化、多元化等特点和能够根据需求迅速做出反应的柔性制造渐成趋势。

六、线上线下联动趋势

随着新零售的兴起，未来数字经济线上线下联动融合驱动成为必然趋势。电子商务给传统实体店带来了巨大冲击，倒逼传统实体店走上线上，实现转型升级。但电子商务市场的竞争也日趋激烈，纯电子商务面临着流量红利崩溃的现状，电商巨头纷纷布局线下。线上和线下不是相互替代的关系，而是相互融合、联动发展的关系，这是现实，更是趋势。

目前零售行业主要分为两类，即线上零售和线下零售。线上流量具有强互动性优势，在互联网环境下，线上流量是一个非常重要的分析指标；线下零售则比较重视客流量，可以将通过率、入店率、购买率作为管理指标。

当前，随着数字技术发展和人们消费需求升级，线上线下联动发展已经具备较好的基础，尤其是疫情期间，线上营销新模式受到普遍关注，加快了消费模式的转变。顺应数字化改造的线上线下、虚拟现实联动模式，线下做体验服务，线上做引流转化，正成为未来发展的大趋势，更能赋能产业数字化，助力良好营销环境和消费场景的建立，推动数字化转型升级。

专栏 3－1

线上线下联动

1. 线上线下全渠道整合方式多样

一方面，实体店通过各种形式纷纷走上线上。一是自建 B2C 平台。如苏宁易购和京东商城等同时拥有实体店铺和网店的大型零售企业，在实体零售时代就占据了较大比例的市场，往往主动拓展线上渠道，形成线上线下融合的局面。二是与第三方 B2C 平台合作。如与阿里巴巴的淘宝平台合作，在获取流量、拓展网络上的销售渠道时能够节约资金和降低风险。三是在社交网络上销售推广。基于微信、微博等社交软件，利用熟人之间的关系建立品牌声誉，同时定向营销，大幅提高营销效率，降低宣传成本。

另一方面，传统电商巨头纷纷布局线下。马云提出新零售的概念后，阿里巴巴加速布局线下零售，推出了盒马鲜生，同时加强与传统线下零售商的战略合作。京东也加快开设线下京东便利店、京东家电专卖店，与传统实体店不同，其主要作用是代客下单、线下推广，本质是从线下向线上导流的 O2O 入口。

2. 线上线下联动重塑零售新业态

新零售是线上线下渠道整合的主要形式，其依托互联网，通过运用大数据、云计算等各种技术手段，将线上线下以及物流打通，重塑零售业态的新形式。

一是广告营销更加高效。线上线下渠道整合能够充分结合用户线上行为数据和线下物理数据进行精准营销，提高潜在用户转化率。通过分析用户 IP 地址、手机定位（LBS）以及平台数据，锁定品牌目标受众。围绕其日常生活中常用的应用软件进行二次覆盖，唤醒原本在线下已经有了品牌记忆但还没有实现转化的用户采取行动，进一步提升转化效果。

二是线下物流更加智慧。新零售下，门店成为物流前端支点，仓储时间日益缩短，库存逐渐向消费端移动。随着大数据、人工智能的升级，前置仓配置、仓储一体化、机器人分拣货物等物流策略和新科技得到加速应用，智能仓储、智能配送、超级物流枢纽等建设更加完备。

三是涉及领域更加丰富。服装、餐饮、家居、科技等领域在线上线下融合方面进行了更多模式探索与应用。由于数字技术加强了供给侧和消费侧的联系，因此顾客对工厂（C2M）、消费者对商家（C2B）等线上线下融合的生产模式层出不穷。同时，数字化大大提高了生产过程的柔性和集成性，实现了产能、质量和效率的提升，正在引领产业发展，推动生产的高效率和需求的个性化融合。

◀◀◀ 第三节 ▶▶▶

我国产业数字化过程中的问题

本节从企业层面和产业层面两个角度梳理产业数字化过程中遇到的问题。

一、企业数字化转型面临实际困难

企业数字化转型在实际中面临着不会转、不能转、不愿转与不敢转的问题。一是不会转。对大多数企业，尤其是中小企业而言，领导层能力有限，对数字化转型还很陌生，不重视也不会规划。即使重视了，其在数字化转型过程中也大多只关注数字技术的应用，而忽视企业文化、组织结构、公司战略等都需要进行与数字化转型相匹配的调整。事实上，对于企业成功实现数字化转型而言，更重要的是顺利实现与数字化相匹配的组织结构、企业文化、公司战略等软实力的调整。另外，企业内部数字人才储备普遍不足，也是企业不会转的重要原因。二是不能转。即使企业领导懂得如何转，外部制约因素（技术门槛、资金门槛等）也使得其心有余而力不足。许多企业的数字基础设施建设和数字化水平非常低，而外部环境中，转型共性服务平台缺失、服务能力和针对性不够、第三方技术服务平台标准不统一使得企业无法跨越数字化转型的技术门槛。数字化转型需要一个比较长的周期，需要动用大量资金，而大多数中小企业受到的约束较强，造血能力不足，而外部输血能力又严重滞后，因此企业即使会转，也不能转。三是不愿转。即使企业懂得如何转，而且外部条件也没有造成硬约束，它们也不愿意转。数字化转型是一个漫长的过程，技术改造投入大，专用性强。数字化转型资本投入无经验可循，阵痛期较长，且见效慢，转换成本高，加之转型效果不明确，试错成本高，使得企业转型积极性不高。还有些企业对数字化的认识不够深入，缺乏目光长远的领导者。这些因素都造成了企业不愿转。四是不敢转。我国宏观经济不确定性上升，贸易战和疫情叠加导致企业外部生存环境恶化，使得企业在数字化转型投入上更加倾向于规避风险。此外，对数据安全的担心，使得企业不愿意上云，怕敏感信息上云后造成系统性的安全隐患。企业还担心数据被服务提供商所滥用。这些都使得企业不敢转。

二、传统产业数字化转型任重道远

推进产业数字化转型复杂性强、难度大，必须在国家经济发展战略引导下，利用数字技术稳步推进。目前，产业数字化转型主要面临以下困难。

一是技术短板突出，数字平台技术规模效应不足。当前虽然我国人工智能领域涌现出了大量创新，但在先进技术和前沿科技方面短板依然突出，与发达国家存在明显差距。平台经济、共享经济虽然发展速度快，但目前体量较小，产业协同水平较低，难以形成规模效应。产业数字化程度不足，在产业数字化规模占数字经济的比重高达 80.9% 的同时，各行业数字化运用的广度和深度不足 10%，发展不均衡，转型过程中缺乏相应的组织创新。

二是体制不完善，数据要素支撑不足。数字产业化转型体系不健全，数字经济发展体制不完善。数据要素作为重要的生产要素，已经成为产业数字化发展的核心动力。一方面，数据资产积累薄弱。数据资产是数字化转型的重要依托，多数企业目前还处于对数据的感知阶段，距离应用覆盖还有很长的路要走；另一方面，"数据孤岛"问题尚未解决，数据规模、质量、交流程度受限。此外，产权和知识产权支撑问题亟待解决。

三是跨界人才供给缺乏，数字化转型带来结构性失业。数字化依赖数字技术创新，创新需要以人为本。当前数字经济发展中，跨界人才需求量激增，尤其是互联网、区块链等行业跨界人才缺口巨大。数字化转型加速传统企业退出，新兴企业快速发展。新旧动能转换过程中由于收入分配差距被拉大，因此需要警惕结构性失业等风险。

四是数字基础设施建设有待进一步夯实，融合渗透深度有待进一步提高。数字基础设施建设是轻资产、高科技含量、高附加值的发展模式。当前我国数字基础设施建设虽然已具备一定基础，但仍需要进一步夯实。另外，如何充分展示数字技术与实体经济融合，信息技术、新型基础设施建设与传统产业融合，也是值得进一步思考和解决的问题。

五是网络安全问题亟待解决。随着网络深入人们生活，尤其是上云后，各种网络安全问题成为制约产业数字化转型的重要因素。网络安全问题主要可以归纳为以下几点：数据集中化程度不高；上云后应用服务器安全边界不清晰，保护机制不完善；消费数据的安全性低于产业数据，存在较大安全隐患。

◀◀◀ 第四节 ▶▶▶

加速我国产业数字化转型的建议

本节从企业层面和产业层面对产业数字化转型提出相应建议。

一、正视企业数字化转型面临的现实问题

第一是加强企业数字化人才培养，多树立数字化转型样板，解决企业不会转的问题。如前面所言，企业领导者自身必须具备数字化思维，在转型过程中，特别需要重构企业文化和组织结构，防止员工在企业引入破坏性技术时表现出抵制情绪，克服组织惯性，优化组织结构，加大对数字化人力资本的投资。例如，有些企业设置了首席数字官，服务于企业数字化转型战略，首席数字官需要负责加强企业所有员工的数字化培训，以帮助

企业更快地适应数字化转型。

第二是降低数字化转型的技术门槛和资金门槛，解决企业不能转的问题。实施好"上云用数赋智"行动，鼓励传统企业与互联网平台企业、行业性平台企业、金融机构等开展联合创新，积极搭建转型服务方（平台企业）与转型需求方（中小企业）的对接渠道，引导中小企业提出数字化转型应用需求。在资金提供方面，政府应加强对中小企业数字化转型的政策支持，包括在金融领域进行改革突破，推进企业将数字化转型中收集到的数据作为重要资产进行相应融资的试验。

第三是降低企业数字化转型成本，解决企业不愿转的问题。由于大部分中小微企业利润较低，无法承受数字化转型成本，或无法支撑完整的数字化转型过程，因此一方面需要国家大力扶持中小企业开展数字化转型，比如制定并实施相关补贴政策、税收优惠政策、贷款优惠政策等，另一方面要利用普惠数字金融等便利条件，为中小企业资金流转提供保障，有效解决资金供需不对称问题，缓解融资难融资贵的难题。同时，为降低数字化转型中的试错成本，中小企业可以结成产业技术联盟，形成数字化转型合作伙伴关系，各自分摊不同转型方面的费用，共享转型成果，共同推动数字化转型进程。

第四是优化宏观运行环境，完善数据安全规则，解决企业不敢转的问题。政府要综合使用宏观政策手段，稳定企业外部运行环境，增强企业信心。此外，要进一步完善数据安全规则，加强数据管理，消除企业数字化转型的后顾之忧。

二、加快加强传统产业数字化改造

产业数字化的主导地位不断凸显，但推进产业数字化技术性强、难度大，需要制定科学的数字化转型战略，积极开展数字化技术改造，补齐核心技术和产业基础能力短板，针对我国数字产业链关键环节发力。要全方位、多角度地深化传统产业数字化改造，以产业数字化、智能化推动经济高效率、高质量发展。

第一，要进一步夯实服务业数字化优势。伴随数字化发展，我国市场消费需求和传统服务业转型需求增加，服务业正逐步成为产业数字化发展的风向标。在数字经济发展中，产业数字化在服务业实现了爆发式发展，服务业数字化转型也领先于制造业和农业。因此，一是应该保持我国电子商务、游戏等服务业的数字化优势；二是应该有效利用服务业数字化所积累的消费数据与数字技术，引领制造业、农业等生产端进行数字化协同，实现前端带动后端的良性发展，精准高效地推动供需平衡。

第二，应打造大型科技平台，培育壮大数字化转型核心企业和集成平台，深化工业互联网平台体系建设，加强产业联合，优化发展环境，推动形成共建共享共生的平台生态，推动产业协同发展。

第三，要培养复合型跨界人才，完善社会保障体制。加强既懂技术又精通业务的复合型跨界人才的培养，一是要加大融合性人才培养政策供给，建立跨界人才教育和培训体系，加强与高校、科研院所等的跨界人才培养合作，支持高校、科研院所围绕数字经济领域开展基础研究和技术创新；二是面对数字化转型带来的结构性失业问题，需要在制度和管理上整合劳动力市场，完善人力资源流动政策，减少对人才流动的政府干预，拓宽就业领域，完善社会保障体制。

第四，要夯实传统基础设施建设，提升新型基础设施建设，形成融合共生新生态。要利用科技赋能支持新基础设施建设，创造良好的软硬件环境，增强创新能力。一是要提挡加速 5G 网络、数据中心等新型基础设施建设。二是要进一步推动新型基础设施建设和传统产业融合发展。融合是产业数字化的核心，未来产业数字化需要依赖共享共建共生，形成融合共生的新型数字化生态，实现产业数字化融合驱动。三是要加快推广数字化技术在制造业中的应用，同时推进其在智能制造、人机协作、信息整合与智能决策等核心领域的深度运用，加快推进柔性制造，推进产业园区数字化，促进数字产业与传统产业深度融合。四是要打破数字壁垒，推动大数据中心的建设，在重点行业和区域建设若干国际水准的数字化转型促进中心，以带动和促进信息技术与传统产业融合。五是深入实施工业互联网创新发展战略，加快推进制造业数字化、网络化、智能化，培育数字驱动新业态新模式。

第五，要实现数字化安全与数字化发展同步提升。一是加快制定与数字经济发展相配套的法律法规，完善法律保障。有关部门需尽快完善相关法律法规，在现行《数据安全法》的基础上，针对人工智能、大数据、区块链等关键领域制定相应的法律。二是明确各部门在数字化转型过程中的具体职能，控制调控力度，减少政府干预，发挥市场配置资源的基础作用，合理引导数字平台规范发展，探索多元协同的治理机制。三是坚持放管并重，加大对非法获取、泄露与非法出售个人信息行为的处罚力度，加强对互联网平台的监管，加大对数据垄断的监管和处罚力度，加快数字技术在数字安全方面的应用。四是完善网络安全建设。建立健全网络安全保护制度，定期监测和评估，为维护网络安全提供坚实后盾，筑牢网络安全"防火墙"。

第四章

现代化新征程中的数字社会建设

　　《中共中央关于制定国民经济和社会发展第十四个五年规划和二〇三五年远景目标的建议》中明确提出，要加快数字化发展，而数字社会建设正是数字化发展的重要组成部分之一，更是落实推进数字中国战略的一个重要抓手。基于此，本章系统梳理了我国数字社会建设的发展成就及现状特征，对下一阶段我国数字社会的发展趋势进行了研究判断，深入分析了新的发展形势下我国数字社会建设面临的问题和挑战，并就发展方向和发展重点提出了相关政策建议。

◀◀◀ 第一节 ▶▶▶

我国数字社会建设的发展成就及现状特征

　　在习近平总书记关于"数字中国"和"网络强国"的重要战略思想的指导下，我国数字社会建设已经取得一系列令人瞩目的成就：以移动通信网络为代表的数字基础设施全面覆盖，满足人民美好生活需求的数字化公共服务水平大幅提升，政府引导、多方参与的建设模式也已成为主流，为推进我国经济社会的全面数字化转型打下了坚实基础。

一、数字基础设施建设实现跨越式发展

（一）数字基础设施建设已国际领先

　　数字基础设施是支撑数字社会建设的工作重心和基础，对提升全社会

数字化水平、推动我国数字经济高质量发展起着至关重要的作用。"十三五"期间，国家高度重视并支持新型数字基础设施建设，深入实施"宽带中国"战略，并积极推进各类"互联网＋"行动，为数字社会的建设夯实基础。

1. 高要求通信设施

当前，我国已经建成全球规模最大且性能优越的光纤和 4G 移动网络，固定宽带和移动宽带用户普及率在 2020 年分别达到 96％和 108％。自 2018 年 12 月中央经济工作会议提出要"加快 5G 商用步伐"的指导意见以来，通信和数据存储处理的基础设施成为主要的投资方向，以 5G 网络为代表的信息基础设施建设全面提速。目前，我国 5G 网络建设速度和规模位居全球第一，领跑全球其他国家，截至 2020 年年底，我国已开通的 5G 基站多达 71.8 万个，其中 2020 年新增 58 万个 5G 基站，建设速度及规模惊人，所有地级以上城市均已实现 5G 网络全覆盖，5G 终端连接数量已经超过 2 亿台。

2. 物联网数据采集处理设施

自 2009 年"感知中国"理念正式提出后，物联网技术得到了社会的高度重视，我国物联网发展的新纪元也由此开启。近年来，基础设施数字化、网络化、智能化建设和改造加速推进，基于各种传感器和物联网的智能化管理平台快速搭建，物联网数据采集设施的应用正在快速普及。在 5G、北斗系统大规模应用的背景下，政府有能力借助物联网技术实现物与物、物与人、人与人之间的通信互联，进而实现"万物互联"，对基础设施进行实时监测，不断提高市政基础设施运行效率和安全性能，有力地推动我国城乡数字化治理水平达到新高度。

3. 大数据中心

随着各行各业数字化转型升级速度加快，全社会的数据总量呈爆发式增长，对数据资源的存储、计算和应用提出了更高的要求。大数据中心作为 5G、云计算等新一代通信技术的重要载体，扮演着"数字经济发动机"的重要角色。近年来，北京、上海、广州、深圳等经济发展水平较高、人口密度大、数据流量大的地区对数据中心的需求明显增加，建设速度也明显加快。截至 2019 年年底，我国数据中心数量已达 7.4 万个，占全球数据中心总量的 23% 左右。

（二）为新一轮扩大投资形成新增长点

发展数字基础设施不仅有利于扩大内需，更有利于创造新供给，还可以引导市场资本流向，充分发挥投资对经济发展的带动作用，形成新增长点。

在新一轮科技革命和产业变革加快演变的背景之下，发展数字基础设施将带来巨大的投资需求，有效推动企业及全社会的数字化转型，并在此基础上迎来消费的转型升级。例如，5G 基础设施的不断完善直接推动了网络通信、人工智能等新技术和新产业的发展，拉动了智慧交通、智慧能源等新应用场景和新商业模式的快速迭代。工业互联网的融合应用在"十三五"期间已经赋能了 30 多个国民经济重点行业，推动智能制造、个性定制、数字管理等新业态加快发育壮大。截至 2020 年年底，我国已建成或在建的"5G＋工业互联网"相关项目超过 1 100 个。云计算的巨大张力强有力地支撑了众多企业的数字化转型，在新冠疫情的催化之下，云计算成了阿里、腾讯等各大互联网企业抢滩布局的重要领域，迎来了新一轮井喷式发展，2020 年，我国云计算在全球市场的份额进一步扩大，占全球云计算市场规模的 10%。

（三）为缩小地区间发展差距提供强大动力

在国家乡村振兴、脱贫攻坚等战略规划引导下，部分落后地区开始承接数字经济相关企业转移，部分数字经济企业则通过提供网络信息服务和数字公益行动惠及众多贫困群体，为缩小地区间发展差距提供了强有力的支撑。

一方面，数字经济的红利可以通过数据的转移释放到贵州、内蒙古等经济相对落后的地区。部分西部地区已经建成一体化大数据中心算力枢纽节点，较好地构建了国家算力网络体系，有利于顺利实施"东数西算"工程，缓解东部地区算力紧张但西部地区算力需求不足的不平衡的情况，进一步扩大国内市场。

另一方面，新型数字基础设施建设对传统的土地、资源等要素需求相对不强，更加重视新一代信息技术和应用场景的投入，给西部地区带来了较大的新机遇。此外，网络电商、移动支付、普惠金融、招聘平台等的普及应用正不断缩小我国东西部地区的差距及城乡差距，帮助西部地区的居民在家享受现代化，获得享受更加平等的教育、消费、医疗等服务的机会，为西部地区的追赶式发展提供了人才基础。

二、数字化公共服务水平明显提升

（一）数字便民惠民水平显著提高

受益于 5G、物联网、大数据、人工智能等数字技术的飞速发展，社会公共服务的智能化、便捷化程度大大提高，人民多层次多样化的需求也得到了更高水平的满足。近年来，教育信息化转型加速，截至 2020 年年底，全国中小学网络接入率提升至 100%，我国的大规模在线开放课程慕课，上线课程数量超过 3.4 万门，学习人数达到 5.4 亿人次，数量和规模已居世界第一。"互联网＋医疗"快速普及，所有地级市共 2.4 万余家医疗机构加入远程医疗协作网络，共有 5 595 家二级以上医院提供线上服务，并同时打通了医、药、险等流程环节，显著提升了人民在医疗方面的满足感。基础设施更加智能化，电力、燃气、物流、交通等公共基础设施的智能化水平大幅提升，同居民直接相关的城市运行管理实现精准化、协同化、一体化，城市公共服务水平也得到了明显提升。

（二）科技创新服务体系不断完善

世界知识产权组织发布的《2020 年全球创新指数报告》显示，我国创新指数全球排名已经跃升至第 14 位，较 2015 年的第 29 位有了明显提升。近年来，在创新驱动发展战略指导下，我国信息技术特别是数字技术的创新能力持续提升，国家重点实验室、国家工程研究中心等创新基础设施建设不断强化，有助于数字经济相关企业创新基础能力提升的科研基础条件明显改善，营造了适宜数字技术快速创新发展的良好环境。

与此同时，我国的创新支撑水平不断提升，知识产权保护技术和服务不断加强，于 2020 年相继修改完善了《专利法》《著作权法》，明确提出要加强专利信息公共服务体系建设，并进一步明确了与数字技术应用相关的法律法规，为专注于数字技术创新的企业提供了法律保障。

（三）社会公共问题处理更加敏捷

在新冠疫情和数字技术快速发展的共同催化下，社会治理模式开始快速转向敏捷治理。数字技术由于能够记录并分析社会公众的各类行为数据，从而帮助政府对公众的需求和行动进行预测，因而成为疫情期间搜集发布信息、调配紧缺物资和快速响应的有力的辅助工具。数字技术在助力社会公众适应疫情防控常态化下的生活以及企业复工复产方面做出了巨大贡献，高效运转、精准服务、快速响应的社会形态已经初步形成。

三、政府引导、多元参与成为重要特征

（一）中央政策高度重视支持

数据作为数字经济的核心发展要素，具备非排他性和非竞争性两个特征，且数据使用的频率和范围与其创造的价值正向相关，这决定了数字经济具有很强的正外部性，天然适合政府大力发展。此外，在数字技术已经步入加速创新迭代的快车道的今天，数字社会建设的投入成本和门槛相对较低，且有助于形成高收益、发展速度快的经济新业态，有利于形成一定的范围经济和规模经济，更能为当地经济发展注入源源不断的动力和活力。基于此，中央及各地政府高度重视数字社会建设，除新疆、宁夏外的所有省（区、市）均出台了数字经济专项政策文件，截至 2020 年年底，我国已出台 60 余项同数字经济相关的行动计划或产业规划，为我国数字社会建设提供了重要推动力。

以数字技术赋能乡村振兴为例，中央高度重视经济欠发达区域的脱贫攻坚问题，2016 年以来，各地方各部门根据习近平总书记关于网络扶贫行动的重要指示精神，扎实推进网络扶贫工作。截至 2020 年年底，贫困地区通光纤的比例提高到 98%，贫困地区不通网络的问题得到了根本解决；在财政部、国务院扶贫办等单位的扶持下，已经实现农副产品网络销售平

台全面覆盖 832 个国家级贫困县。

（二）社会资源配置更加灵活

随着数字技术的创新迭代，社会服务资源的数字化程度不断加深。相较资本、土地、人才等资源要素，数据的配置方式更加便捷可控，在实时监测和动态调整规划方面也更加灵活可行。

以数字技术助力劳动力资源高效配置为例，近年来，58 同城、智联招聘等就业平台陆续涌现，拉近了招聘者和求职者之间的距离，大大减小了招聘市场中的搜寻摩擦。此外，企业的用工模式也在不断更新，中国劳动力市场衍生出了共享经济、电子商务等新型灵活的就业模式，出现了一系列新形态的工作岗位。在此背景下，快递、外卖、共享出行、直播电商等能够吸纳大量就业的一众新业态新模式发展迅速并且得到了政府的大力支持。例如，在新冠疫情暴发初期，受防疫管控影响，线下属性较强的实体餐饮、旅游等文化娱乐休闲服务业受到巨大冲击。不少线下服务业企业面临大量员工"闲置"的困扰，各项成本激增，而与此同时，外卖、跑腿等行业却面临劳动力短缺的问题，共享员工模式便应运而生，并逐渐从线上零售行业推广至制造业，逐步成为灵活用工的新模式。

（三）共建共享新格局逐步形成

一方面，各种数字传播渠道的普及推动了人民群众深度参与数字社会的建设。人民群众不仅能够在日常生活中提供行动数据供政府参考，帮助政府明确数字社会的优化方向，还可以在意见表达阶段随时贡献智慧，为数字社会建设出谋划策。此外，人民群众还可以通过互联网充当社会服务者的角色，与政府共同承担公共服务的供给任务，共同推进社会的数字化转型。

另一方面，科技企业也正陆续加入数字社会的建设当中。与美国凭借人才、技术、金融及互联网霸权优势发展数字经济的路径不同，我国数字经济发展遵循了以数字技术应用和商业模式创新为主导的模式，众多科技企业恰恰是技术应用和模式创新的主力军。共建共享的新格局正在通过多元化的供给方式不断激发市场活力，推动我国经济社会高质量发展。

◀◀◀ 第二节 ▶▶▶

我国数字社会建设的发展趋势

近年来，数字技术和实体经济深度融合，贯穿了人们的生活、学习、工作等各个方面，催生了教育、医疗、家政、文旅等诸多社会服务领域的新需求。当前，以智慧教育、智慧医疗等为代表的数字化应用新场景不断涌现，智慧城市和数字乡村建设发展如火如荼，均有助于促进社会服务向数字化、网络化、智能化转型，实现多元协同发展，更好地满足数字时代下人民对美好生活的新需求。

一、生活方式数字化变革明显提速

（一）基础消费数字化

1. 日常消费

突如其来的新冠疫情颠覆了人们过去的消费方式，数字技术的进步同步推动了网络购物的发展。2020 年，中国电子商务交易额增长到 37.2 万亿元，相当于全年 GDP 的 1/3；其中全国网上零售额达到 11.76 万亿元，占社会消费品零售总额的比重将近 1/4。当前，我国网络购物发展呈现出线上线下紧密结合、纵深化与专业化齐头并进、服务型消费强势上扬等主要趋势。

一是线下体验线上购买支付成为新趋势。近年来，移动互联网深度覆盖，支付手段不断完善，物流效率明显提升，大数据处理能力显著增强，各类数字技术快速更新迭代有力地推动了零售业态的革新和进步，社区零售数字化进程日渐加快。线上线下全渠道购买模式集成了购买渠道和资源等各方的优势，显著提升了供需双方的匹配效率，为消费者带来了更加便捷的购物体验。二是线上购物市场分类进一步细化。随着数字技术的不断进步，企业更有能力对消费者的个人信息进行分析从而开展精准营销，向市场供给的商品种类也就更加全面，面向特定消费者的商品日益增多，专业化趋势也更加明显。三是服务型消费占比明显提高。消费者更加倾向于为体验式商品等服务买单，特别是以医疗健康服务为代表的"商品＋服务"相融合的新型消费模式正在快速崛起。

2. 智慧教育

自慕课问世以来，传统课堂的教学形态受到巨大冲击，以"互联网＋教育"、翻转课堂等为代表的新型教学模式的发展迎来了爆发期，当前我国的智慧教育发展呈现出个性化、智能化、社会化三大特征。

个性化方面，人工智能等数字技术将帮助构建更开放灵活的教育体系。如智能算法可以事先搜集学生的学习行为数据，分析得出适宜学生的个性化学习方法，并根据学习进度进行动态调整，从而大幅度提升学习效率。智能化方面，线上线下融合的沉浸体验式学习受到了广泛关注。一批教育企业通过搭建虚拟仿真的学习场景，适配不同学习类型，真实、沉浸和交互的特点正在逐步强化。社会化方面，在学习型社会加快构建的背景下，教育公平得到了前所未有的重视，优质教育资源正以在线共享的方式加快拓展到教育水平相对落后的农村和边远地区，教育均等化正在加快推进。

3. 智慧医疗

在新冠疫情的催化之下，我国医疗健康数字化、智能化发展路径日渐清晰，以"互联网＋医疗健康"为代表的智慧医疗产业正保持加速发展态势，预计"十四五"期间还将步入细分化、定制化的新阶段。

一方面，新冠疫情下的防疫管控措施限制了患者现场就诊，互联网成为联结医生与患者的新平台，互联网诊疗平台远程诊疗和辅助诊疗类咨询量在疫情暴发后增长明显，2020年在线诊疗市场规模达2 000亿元，增幅超过46％；另一方面，日渐完备的数字基础设施有力地支撑了5G、人工智能、大数据与云计算等数字技术与医疗健康产业的融合渗透，国民健康检测与管理服务、精准医疗等新型商业模式相继涌现，分级诊疗制度取得突破性进展，一批智慧医院还将在未来陆续建成，助力健康中国战略加速推进。

（二）居家生活数字化

一方面，智能家居行业发展已经进入了以多终端协作连接为主的移动互联网时代，智能化、节能化、网络化和生态化发展趋势带动家电行业快速更新迭代。当前，众多家电企业通过技术升级提升家居互联性，综合利用物联网、人工智能等技术使家居设备具有远程控制、互联互通、自主学习等功能，实现用户的日常生活与家居的有机结合，创造便捷、舒适、安全的家庭人居环境。随着居民对美好生活需求的不断提升，智慧家居已经成为发展新风口，引得众多互联网企业纷纷入局。

另一方面，数字化还可以赋能养老住宅设计，通过智能化设备的全面应用，为老年人提供更加便利的居家生活。智能晾衣架、智能灯具、自动紧急呼叫系统等适老化互动智能产品极大地便利了老人的使用，最大限度地降低了老人的生活负担，数字化场景更是让居家养老变得更加方便温暖。随着我国的老龄化问题日益凸显，数字化的居家养老服务将迎来巨大的市场空间。

（三）旅游休闲数字化

数字技术在文旅产业的深度应用极大地促进了数字文旅业态创新、模式变革和效能提高，进而提升了文旅产业整体的智能化、便利化水平。与此同时，人民对数字文旅产品的消费需求也在逐步增加，产业发展正呈现出数字化、多样化、融合化的发展趋势。

新冠疫情暴发以来，云旅游、在线展览展陈等新业态快速增长，线上线下融合发展的网络直播保持快速发展态势，"直播＋医疗""直播＋教育""直播＋就业"等新型产业融合更是成为发展趋势。数字化时代迎来了新的内容展现方式、新的渠道传播方式以及新的互动交流方式，科技对文化和旅游等相关产业的赋能作用得到进一步提高，持续推动文化内容消费和生产模式升级。在未来，5G、VR、AI等数字技术还将快速发展，必将激发人民更新更广泛的文化旅游消费需求。

（四）交通服务数字化

共享单车、网约车、分时租赁等数字化的交通出行方式在大幅提升居民出行满意度的同时，也有效地缓解了市政交通管控难题。多项政策文件也明确提出要建设现代化的综合交通运输体系，这将带动智能交通行业迅速发展。

2020 年以来，众多科技龙头企业积极布局入场智慧交通领域。以百度、小米为代表的一批互联网企业开启了新一轮"造车热"，深度渗入智能汽车领域，并着力推动智能汽车与交通、能源、城市等领域的融合发展，充分利用互网联技术实现智能汽车与外界环境的互联互通，培育融合新业态。其中，智能汽车与交通领域的融合发展进一步深化，交通信息采集系统、边缘分布式计算终端、交通管理云控平台等智能交通领域融合基础设施正在加快部署。当前，智慧交通以物联网等车路协同感知技术赋能城市通信系统，通过建设实时反馈的动态信息服务体系，全面提升了城市运行效率，在未来仍有巨大的发展空间。

二、新业态新模式日益丰富

（一）万物互联技术深度应用

在数字技术全面赋能实体经济，带动社会转型升级的今天，数字感知基础设施加速建设，基于网络化逻辑的动态城市网络体系正在快速形成，新一代数字基础设施正向智能、高速、泛在、协同、安全的方向加快转型。未来有望在城市管理、生活服务等领域，实现以高精度定位、数字孪生等为代表的全方位高水平的万物互联。

以智慧能源设施建设为例，当前以电力网络为核心，多能协同、供需分散、交易开放的能源互联网正在加速建设。而能源互联网的建设离不开智能化能源运行监测体系，以及实现能源供需信息实时匹配的智能化响应，万物互联技术极大地支撑了能源的高效利用，并将助力实现能源生产、传输、消费等全流程的数字化、智能化转型。

（二）生产工作方式更加灵活

互联网技术在创造和催生新的工作岗位和工作内容的同时，也推动了远程办公等灵活工作方式的兴起，助力新型就业形态加快形成。

一方面，以数字文化产业为代表的新兴产业在疫情影响下成为增长新动能，直播、网络文学、游戏、电竞等极大地吸纳了灵活就业者，对全社会"稳就业"做出了巨大贡献。此外，互联网在全国特别是乡镇地区的普及，还为一批以小镇青年为代表的劳动力提供了新的选择，不必离开家乡也能获得数字化就业机会，比如从事电子商务、云客服、人工智能训练师、社区团购运营、农业无人机操控员等职业。

另一方面，自主、弹性、灵活就业的工作方式更加普遍。以远程办公为例，由于远程办公可以打破地理限制，实现异地办公，因此自新冠肺炎疫情暴发开始，远程办公用户规模便持续高速增长。在新冠疫情防控常态化的背景下，越来越多的企业开始建立科学完善的远程办公机制。腾讯会议、Zoom 等在线会议软件，以及石墨文档等在线协作编辑程序等正越来越多地被使用[①]。

（三）社会服务方式日趋多样

2019 年年底，国家发展改革委、教育部等七部门联合印发《关于促进"互联网＋社会服务"的发展意见》，指出要大力推进社会服务向数字化、

---

① 徐晓新，张秀兰. 数字经济时代与发展型社会政策的 2.0［J］. 江苏社会科学，2021（1）：11-23.

智能化、多元化、网络化、协同化发展。这是在"互联网＋政务服务"提出后，党中央、国务院向人民群众释放红利的又一重大举措，有力地推动了社会服务新产品、新业态、新产业的快速发育壮大。近年来，新型穿戴设备、服务机器人、在线服务平台、VR/AR/MR 等新型数字化产品和服务研发层出不穷，同步课堂、远程医疗、沉浸式运动、赛事直播、高清视频通信社交等智能化交互式创新服务方式持续涌现，越来越多线上线下融合的消费体验还将进一步丰富人民群众的日常生活。

三、智慧城市和数字乡村建设加速推进

（一）智慧城市建设不断优化

智慧城市建设的思路自 2008 年起几经转变，在经历了各自为政的探索实践阶段、国家统筹的规范调整阶段以及系统整合的战略攻坚阶段后，进入了特色鲜明的全面发展阶段。我国智慧城市建设遵循利用数字技术提升城市服务质量这一核心主线，服务对象和内容愈加广泛，正处于从"城市数字化"向"数字化城市"转变的进程之中，展望"十四五"，智慧城市建设将进一步向数字化、智能化、绿色化转型升级。

1. 生活服务更加数字化

在数字技术创新协同联动并与社会生活深度融合的背景下，5G、人工智能、云计算、区块链、物联网等进入了实用化阶段，新的应用场景不断涌现，过去想象中的自动驾驶、远程手术等正逐步拓展成为智慧交通、智慧医疗等更为广泛的业态模式。与此同时，智慧城市也正逐步从零散的条块信息化转向全面数字化，为城市居民提供更加精准、多元、即时的数字化服务成为智慧城市建设的更高目标。此外，通过数字化管理整合基础设

施和公共服务配套的社区"微基建"概念也开始逐步进入大众的视野，在未来将有效解决"最后一公里"问题，进一步拉近城市居民和智慧城市建设之间的距离。

2. 社会管理更加智能化

在基础设施数字化转型快速推进的有力支撑下，各省（区、市）纷纷加快速度建设"城市大脑"，物联网综合管理和应用体系建设加速推进，智慧城市的感知设施综合利用水平不断提升，各类社会信息数据的收集、处理、分析正变得更加高效，有助于进一步推动社会空间、物理空间和数字空间全面融合。

专栏 4-1

智慧杆建设

当前，智慧杆已经成为新型智慧城市建设中的新一代基础设施。与传统灯杆不同，智慧杆可以搭载 5G 基站、电子屏、安防摄像头、充电桩、温度传感器、环境质量监测仪等设备，从而将通信、交通、安防、能源等多个行业部门的设备及传感器功能融于一"杆"，打造智慧感知网络，运用在市政交通、应急管理、资讯发布等 30 多个不断延伸的应用场景，实现对城市各领域的动态化、精确化管理，逐步成为智慧城市不可或缺的"末梢神经"。

深圳市在智慧杆领域虽然起步较晚，但其建设思路极具系统性，在理论指导和落地方面都具有较高的借鉴价值。深圳市在智慧杆建设初期，就一步到位将智慧杆建设上升到基础设施建设层面，并于 2019 年领先全国出台了首个地方智慧杆建设标准，从结构功能、性能指标、验收、运行管理、维护等方面制定了明确的规范标准，破解了智慧杆行业"有市场无标准"的难题。此外，深圳市还同时引入了华为、海康威视、大华等一批科技企业参与智慧杆生态建设，由深圳信息基础设施投资发展有限公司全面负责，"国企投资建设，政府购买服务"模式正推动深圳市多功能智慧杆加速建设，拥有全面感知网络体系的新型智慧城市有望在 2025 年年底前基本建成。

资料来源：根据网络公开资料整理。

3. 城市运行更加绿色化

在碳中和、碳达峰"双碳目标"战略思想指导下，绿色化发展成为未来一段时间内的主旋律，可持续运营也成为智慧城市建设的重要原则之一。当前，绿色节约的智能生态环保设施正在加速建设，全面覆盖、协同智能的生态环境感知监测和预警体系正在加速推广。作为"双碳目标"实现的最大应用场景，智慧城市建设便可预见地成为"双碳目标"顺利实现的最好抓手。

专栏 4 - 2

低碳可持续的智慧城市建设（日本经验）

日本是全球开展智慧城市建设较早的国家，自 2000 年加速推进国家 ICT 战略开始，日本便依托其信息技术基础，加速布局智慧城市领域建设。作为一个自然资源贫乏、灾害频繁的国家，日本在推进智慧城市建设时更加注重能源管理和社区智慧化的发展，着重实现两大目标——节省能源和低碳可持续发展。

日本智慧城市建设的主要优势和特色在于低碳可持续。日本智慧城市建设以电力、煤气、水道等公共基础设施以及能源供给为基础，借助信息技术与智能技术对交通、农业、公共健康、建筑等进行垂直整合，对城市设施、各类建筑、物流等提供网格化智慧化管理，为居民提供高效的公共服务，同时着力解决能源、环保等城市问题，以实现其提出的"3E"标准（Energy Security，Environment，Efficiency）。目前，日本在智慧能源、智慧城市等领域已具备较强的技术能力，包括区域能源管理系统（AEMS）、建筑能源管理系统（BEMS）、家庭能源管理系统（HEMS）、基于区块链的区域能源管理系统（REM）等，学习日本的先进经验，也将有助于加快实现我国的"双碳目标"战略。

资料来源：根据网络公开资料整理。

（二）数字乡村建设全面推进

近年来，政府高度重视数字乡村建设，并将乡村的数字化转型作为推动乡村振兴的重要抓手。在《数字乡村发展战略纲要》指导下，多项数字乡村发展政策文件相继出台，浙江、河北、江苏、山东等 20 余个省份已陆续发布了关于数字乡村发展的政策文件，计划大力发展农业数字经济，并积极统筹布局，力争通过建设完善数字乡村更好地实现乡村振兴。

1. 各地数字乡村建设的前期探索打开了基本思路

自 2000 年我国信息化快速推进以来，各地方纷纷自主探索数字乡村建设，为当下处于全面推进阶段的数字乡村建设打开了思路。"数字福建"和云南"数字乡村"项目是最早一批探索数字乡村建设的项目，旨在建立信息网络服务体系、缩小数字鸿沟。这些有益的探索确定了数字乡村发展的核心目标，为未来的发展探明了方向。

2. 农业农村信息化全面推进打下了良好基础

当前，数字化建设已经成为乡村振兴的重要助力。近年来，农村地区数字基础设施建设逐步完善，信息化水平不断提升。截至 2020 年年底，全国共计建设运营益农信息社 45.4 万个，累计培育村级信息员近 200 万人次，为农民就新型农业经营主题提供公益服务 2.3 亿次，农村网民规模达 3.09 亿人，互联网普及率提高到 55.9%。目前，全国共有 1 300 个县实现了电子商务全覆盖，农村网上零售额增加至 1.8 万亿元，较 2014 年增长了近 10 倍，网络扶贫成效显著，为今后农村地区的跨越式发展奠定了坚实基础。

3. 各类智慧应用的乡村实践积累了丰富经验

近年来，乡村数字治理发展水平明显提升。"互联网+"的赋能方式日益融入了乡村治理，形成了网络化、数字化的乡村治理运作模式。随着乡村信息服务不断优化升级，以及广大农民对美好生活的需求水平快速提升，乡村居民日常工作生活中的消费、支付、身份认证等活动正加快向网络化和移动化发展。可以预见，未来数字技术的应用场景还将进一步拓展深化。

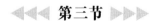

第三节

我国数字社会建设中面临的主要问题

我国数字社会建设虽然已经取得阶段性进展，但仍面临基础设施建设不平衡不充分、数字化城乡建设有待加强、数字鸿沟依然存在等诸多问题，亟待解决。

一、数字基础设施建设不完善不平衡

（一）信息基础设施集约程度不足

数字社会的智慧化建设离不开新型基础设施建设的完善，但在实际建设过程中还需根据实际情况适度推进。目前，很多乡镇虽已没有发展动力，却以户籍人口作为发展基础，参照县城功能进行建设，而超规模建设基础设施过于贪大求全，一定程度上必然导致数字基础设施闲置，浪费大量资源。与此同时，城市的新型数字基础设施建设"重建轻用"现象也依然严重，其中，大数据中心无序重复建设、数据及设施资源共享程度低的问题尤为突出。

当前，新型数字基础设施建设呈现出孤岛式发展状态，数据中心建设规模迅速扩大，但国内整体布局不均衡。由于智慧城市建设对数据规模的要求较高，在"上云用数赋智"等国家战略引导下，多个省份争先规划布局建设数据中心，自建自用的模式在一定程度上造成了算力资源浪费，降低了服务效能。而数据中心的低水平运营，又导致资源无法充分发挥价值，背离了建设数据中心促进经济社会集约高效发展的初衷。

（二）融合基础设施有待丰富深化

一方面，融合基础设施的应用场景有待进一步探索。目前，电子商务、移动支付等互联网应用的市场化程度已经相对较高，发展状况也相对较好，但数字技术在行业应用的广度和深度上还存在明显不足，与实体经济融合较少的问题尤为突出。此外，当前数字技术同实体经济特别是基础设施的融合不够深入，融合基础设施的利用率也有待提升。

另一方面，传统基础设施的智能化升级相对缓慢，系统互联、数据互通和设施共享的目标还停留在纸面。由于信息产业"重硬轻软"现象严重，一批基础软件的技术质量与国际先进水平存在差距，软件系统的可靠性无法得到保障，导致信息产业发展缺乏核心基础，融合基础设施建设进一步完善的方向尚待明晰，迟滞了我国数字社会的建设步伐。

（三）创新基础设施数量相对较少

微观经济学中的生产理论认为，提升科技含量是企业获得超额利润的重要途径，而科技含量的提升离不开理论创新，理论创新的突破又离不开创新基础设施的巨大支持。

近年来，在创新驱动发展战略指导下，我国信息技术创新能力持续提升，国家重点实验室、国家工程研究中心等创新基础设施建设明显提速，但科研数据、算力、存储设施等的配置和网络化共享机制仍有待加强，三、四线城市和部分相对落后的城乡地区的企业机构难以像北京、上海等地区的机构一样享受到公共基础设施的资源服务，区域间数字技术差距存在进一步扩大的风险。此外，同国际水平相比，我国跨学科、跨领域、跨区域、跨主体的创新共同体相对欠缺，创新基础设施的国际化程度也相对较低，在融入开放共享的国际科研网络方面还有待加强。

二、数字化城乡建设仍需进一步优化

（一）政策设计及协同推进相对较弱

第一，顶层设计和统筹规划有待完善。近年来，我国各级政府投入了大量的财力物力推进智慧城市建设，但在全局建设方面相对较弱。如在疫情防控中，就暴露出了各部门各自为政、跨部门协同难度大、存在"数据孤岛"等问题，提示我们应对未来智慧城市建设思路进行调整。

第二，区域发展同质化问题有待解决。不少地区并未结合当地产业发展和人口结构的实际情况进行差异化发展，导致城乡数字化建设大同小异，数字化有余但智慧化不足，在建设过程中存在简单模仿标杆地区从而同质化严重的现象。

第三，已出台政策的落地程度有待提高。首先，当前国家层面出台的与数字社会建设相关的政策总括性较强，实操性相对不足，很难落实到县区一级。其次，全国各地政策推进和落实速度不一致，部分补贴政策体系不健全、效果不明显，一定程度上加剧了重复建设，导致了资源浪费。最后，当前政策落实之后缺乏相应的评价体系来衡量成效，且数字化建设往往需要针对社会的发展需求进行及时的动态调整，滞后的反馈机制会制约数字社会的建设。

（二）社会资本参与程度有待提升

当前我国数字基础设施建设过程中突出存在建设资金需求量大但社会资本投入不足的问题。政府引导、企业为主的投资格局尚未形成，一定程度上制约了智慧城市和数字乡村的进一步建设。

一方面，投融资主体相对单一。由于数字基础设施建设特别是数字化城乡建设的投资金额较大，且投资周期相对较长，除政府外，投资主要来自移动、联通、电信三大运营商和一些国有企业，总体来看，民间投资较少且活力不足。另一方面，市场化的投融资模式和渠道还有待完善。现行的 PPP 模式在收益共享和风险分摊机制方面尚不健全，以银行贷款为主的相对单一的融资模式对社会资本的吸引力较低，加之尚未形成稳定的盈利模式，投资风险大且盈利空间有限，社会资本整体进入意愿不强。

三、数字化带来的数字鸿沟问题日益凸显

（一）不同区域间数字化程度存在差异

北京、上海、广州等经济领先地区的信息化发展水平明显高于其他地区，相比之下，仍有部分偏远地区尚未完全接入宽带网络，导致数字社会建设中仍然存在盲点和盲区。

此类数字鸿沟具体表现为接入鸿沟。目前，相当数量的城市已经全面步入数字化转型新阶段，部分处于领先梯队的智慧城市发展逻辑已经在从建设向运营转型。但也应看到，还有一批三线至五线城市尚未结束建设阶段，发展相对滞后，这些地区的民众由于无法接入数字网络，因此在信息可及性层面和生活在宽带建设相对完善、网络终端等硬件条件有保障的地区的民众存在差异。

（二）人群间数字技术普及度显著分化

数字技术具备非竞争性的特征，在能够使用互联网的前提下，落后地区的用户也可以获得与发达地区的用户相同的信息。然而，仍有部分居民因为数字技能或知识有限，无法顺利使用数字技术，此类非网民群体常常在出行、消费、就医等日常生活方面遇到不便，从而无法充分享受到社会数字化智能化转型带来的便利。截至 2020 年年底，我国非网民规模为 4.16 亿人，从地区上看主要集中在农村地区，从年龄结构上看主要为 60 岁以上的老年群体。

此类数字鸿沟具体表现为使用鸿沟，即能否掌握使用数字技术的知识。以数字化养老为例，目前仍有不少城市缺乏统一的信息标准和规范的管理机制，在数字化居家养老技术应用过程中存在不够精准和智能的问

题，大大加重了护理人员的工作负担。这就需要通过降低数字设备的操作难度，或是加强对护理人员和老人的设备使用培训，帮助其跨越使用鸿沟。

（三）全社会高端数字化人才相对缺乏

同美国等发达国家相比，我国拥有庞大的人口规模，在发展以商业模式创新为主的消费互联网经济时具备较大优势，而在发展以技术创新为重要推动力的工业互联网方面却相对较弱，主要原因就在于我国高端数字化人才和复合型人才相对缺乏，在获取数字资源、处理数字资源以及创造数字资源等方面同世界先进水平还有较大差距。

此类数字鸿沟具体表现为能力鸿沟，主要存在于国家与国家之间，且将随着信息领域核心数字技术研发水平的提升而快速扩大，从而加剧全球发展的不平衡。数字技术较为落后的发展中国家会受制于自身对数字资源的使用能力，难以实现从数字消费国到数字生产国的转变，进而在全球数字经济红利分配过程中处于被动地位。

◀◀◀ 第四节 ▶▶▶

推动我国数字社会高质量建设的建议

在分析研判我国当前数字化转型的情况及趋势的基础上，结合目前我国数字社会建设面临的问题，我们建议从以下四个方面入手，高质量推进数字社会建设，更好地支撑经济社会的数字化转型。

一、推动社会服务模式创新和均等化

（一）推动数字基础设施共建共享

第一，强化统筹规划，重点解决基础设施无序建设、重复建设问题。一是加强研判，深入挖掘发展潜能，前瞻性地布局一批基础性的重大专项设施，统筹谋划基础设施建设方向和优先顺序。二是协同推进智慧城市和数字乡村相关的数字基础设施建设，加快完善基础设施的互联互通标准规范，促进各地数据网络实现万物互联。

第二，重视基础创新，深入推进新技术新应用实验平台建设。一是发展研发和转移转化服务新业态。进一步推进科技孵化新业态的发展，提升科技产业园、众创空间、孵化器、加速器、独角兽牧场等各类载体的发展质量和支撑作用。开发群体智能技术，支撑平台经济新业态发展，充分利用互联网工程科学知识盈余，发展在线技术市场和在线科技服务。创新大科学装置等重要装置仪器的共享服务，培育品类多样、交易便利的科研仪器服务市场。二是加快建设基础科研数据服务体系。加强材料基因组、生物细胞、生态环境、人口行为信息、人体工学等基础数据的数据库建设与维护。探索基础数据的开放共享机制，提升基础数据应用于研发创新的服务能力。

第三，优化共享机制，着力提升数据及基础设施资源共享水平。一是推进一体化大数据中心体系试点建设，依托互联网龙头企业，建设一批大数据存储中心，提高公共数据的开放共享程度。二是规范发展公共云平台市场服务体系，推进各类产业互联网平台的设施联通共享。三是积极建设算力基础设施，支持先进智能计算平台建设，进一步拓展大数据服务。

（二）推动数字化公共服务普惠应用

提升公共服务资源数字化水平。充分运用各类数字技术收集、整合、分析处理城乡运行发展的各类数据信息，积极推动各类公共数据资源开发利用及共享开放，通过数字化和智能化的分析处理改善城市、乡村、健康、教育、公共安全、金融等领域的民生服务，进一步提升公众生活满意度。

推动数字化公共设施建设和开放。构建满足时代要求的场馆设施体系。全面提升图书馆、美术馆、文化馆、体验馆、体育馆、旅游景区的数字化、智能化水平。建设场馆数字化管理平台，打造智慧场馆服务体系，实现全流程数字化管理，挖掘数据要素价值。建设数字孪生场馆，全面革新服务业态，提升现场服务水平，提供响应快速的个性化服务。

（三）扩大优质社会服务辐射范围

第一，提高供给质量，不断提升公共服务供给水平。进一步推动数字技术与教育教学深度融合，提升教育服务的质量和水平。构建适应跨界融合特征的健康医疗行业监管体系，推进人工智能等技术与医疗健康产业不同机构、不同服务、不同疾病治疗及保健阶段的融合，加快医疗保健产业各领域、各环节的数字化转型。加快数字技术在公共文化服务和传播媒体中的应用，打造一体化数字文化生活服务，提高公共文化服务效能。

第二，扩大有效供给，通过与互联网等新型数字技术深度融合，推动优质服务资源进一步延伸下沉。在教育方面，提升数字教育服务水平，加强数字教育产品开发和公共信息资源深度利用。着力推动城乡基础性义务教育一体化、均衡化发展，利用在线教育、远程直播等数字技术手段，构建网络化、数字化、个性化、终身化的教育体系，从而缩小城乡教育差距，促进教育公平。在医疗方面，加快区域医疗中心建设。在医疗资源丰富的地区挑选一批优质医疗机构，同医疗资源短缺地区建立合作关系，培育一批高水平的医学科研创新与成果转化平台，打造一批以高水平医院为依托的"互联网＋医疗健康"协作平台，形成一批跨区域提供高水平医疗服务的专科联盟。通过试点示范的方式大大缩小医疗水平落后地区同北京、上海、深圳等地的差距，大大减少跨省份、跨区域就医现象，通过数字技术推动分级诊疗制度建设取得突破性进展。

第三，补强服务弱项，着力增加公共服务供给。一是全面放开养老服务市场，加快建立老年人综合服务信息管理体系和智能感知服务平台，实现医养结合信息化服务的有机统一，发展共享式医养照护服务体系，创新服务模式，提高医养服务资源利用效率。二是加快发展体育健身和休闲运动，综合利用数字技术打通智慧体育各端口和节点的堵点，形成线上系统、线下场馆、个人应用三维联动的立体网格智慧体育体系，提供体育场地、体育社群、体育活动、体育指导、体质测试等多元化运动服务。三是加强优秀文化的保护和传承，运用数字技术推动传统文化资源数字化，强化科技型文旅产品体验，加强文化产品开发和公共信息资源深度利用，进一步丰富人民日益增长的精神文化需求。

二、推动数字经济新模式加快落地

（一）创新服务模式和产品供给

第一，推动数字需求进一步丰富。加强对大数据、物联网、信息制造、创新应用等领域的重大平台、重大项目及核心技术攻关的支持，加快新兴技术和产品应用场景打造，积极通过政府采购等方式创造早期市场。

第二，拓展数字时代下的消费新业态新模式。引导科研机构和企业加速数字技术的创新优化，加快新技术产业化应用迭代。例如，可以引导医疗相关企业大力开发大数据云端和个人终端相结合的可穿戴健康监测技术，发展移动医疗服务应用，构建数字化、智能化、移动化的精准医疗服务体系。

第三，建立健全金融支持政策。支持龙头企业、产业联盟牵头成立市场化投资基金，引导专项投资基金加速向数字经济创新发展领域集聚，加强对数字产业关键技术攻关、新业态培育和商业模式创新等方面的投资布局。

（二）鼓励社会力量参与社会建设

一方面，引导建立针对重点领域的持续投入机制。调整财政投入结构，强化财政资金在数字技术相关领域的基础创新投入，以政府的政策引导和保障性资金投入为基础，形成分阶段、多形式的长期持续投入发展模式，进而撬动一批专项资金或社会资本投入数字社会建设。

另一方面，建立和完善社会多渠道支持格局。充分发挥市场和行业协会等社会组织的作用，积极调动企业和社会公众广泛参与数字社会建设，探索政府、企业、社会公众多元协同建设新模式。与此同时，注重强化"互联网＋社会服务"领域中与模式创新、内容创作、产品研发等相关的知识产权保护力度，鼓励企业积极创新供给模式、加强产品研发。

（三）畅通各部门数据资源及渠道

探索创新要素高效配置新模式，通过数字化智能化升级推进数字社会加速建设，打造一体化的智慧公共服务体系，全面提升多部门协同监测和数据共享及处理能力。强化数据安全保障，在确保个人隐私等数据安全的前提下，制定社会服务领域数据共享、开放、流通和交易的法律法规和标准。在此基础上，以政府购买等方式提供涉及敏感信息及数据的社会服务，提升基于数据的数字社会公共服务水平。

三、进一步提升城乡数字化建设水平

（一）提升智慧城市建设水平

第一，健全和优化公共服务体系，以提升人民生活品质，不断增强人民群众的满足感、幸福感为出发点，聚焦教育、医疗、住房、交通、养老等重点领域，不断探索新型应用场景与需求，推进学校、医院、图书馆、博物馆等公共服务机构数字化，加大数字化的公共文化资源开放共享力度，推动数字化普惠应用。

专栏4-3

上海市秉承"以人为本"理念打造数字社会

2021年，上海市发布《关于全面推进上海城市数字化转型的意见》，明确提出要运用数字化方式探索超大城市社会治理新路子，坚持以人为本，引导社会各级共建共治共享数字城市。基于此，上海市在2021年聚焦与人民群众生活工作紧密相关的现实问题，针对数字化可以触达并改变的群众需求痛点，重点推进了十余项数字生活标杆型应用，切实提高人民对数字生活的满意度，使数字生活成为提升"上海品质"的重要抓手。其中，生活数字化转型重点建设场景包括便捷就医少等待、为老服务一键通、快捷停车助通畅、数字酒店智管家、数字赋能示范校、智能出行即服务、数字商圈无忧购、一站服务舒心游、数字社区生活圈、智慧早餐惠民心、民生保障贴心达。

与此同时，上海市注重对人和城市的全方位数字化赋能，以市民需求为发展基点，协同各个不同职能的政府部门汇聚资源，集成了就医、康养、交通、政策咨询、子女教育等一系列高频服务。跨部门协同更带来了跨领域的大数据交叉碰撞，有利于技术创新和产业变革充分释放，从而在产业端推动数字经济新业态新模式加速涌现，不断丰富数字上海的创新生态圈。

资料来源：根据网络公开资料整理。

第二，构建城市数据资源体系，加快市政、交通等传统基础设施数字化改造，提升传统基础设施智慧化水平。创新基础设施集约化建设机制，推动新型基础设施与传统基础设施共建共享、互联互通。与此同时，探索数字孪生城市，推进城市数据大脑建设。以智慧城市作为载体，探索城市精细化管理及新业态治理模式。

第三，充分发挥智慧城市的创新试验场功能。智慧城市发展可以与数字经济相关产业的发展联动，互相推进。产业的发展可以为智慧城市提供新技术新产品，而智慧城市的建设可以进一步拓展城市居民的消费需求，为数字经济相关产业提供消费市场，更可以成为新业态新模式的试验场。基于此，建议在"十四五"期间，加快建设完善新型数字基础设施，高效配置社会化数字经济创新要素，引导大数据、人工智能、区块链、物联网等技术同实体经济加速深度融合，加强产业链协同。借助智慧城市建设契机，建立基础坚实、创新活跃、开放协作、绿色安全的新一代信息技术产业生态，打造全球领先的数字经济融合新高地。

（二）推动农村数字化转型进程

第一，高度重视数字乡村基础设施建设。大力提升乡村信息基础设施规划和建设水平，全面推进城乡网络一体化建设，统一数字基础设施的规划、建设、服务等标准。同时加大对传统基础设施的数字化改造力度，着力发展农田数字高清地图、导航网络、农业物联网设备等数字基础设施，开发自主控制的农业无人装备，在提升乡村居民生活水平的同时助力农业生产的数字化转型。

第二，深入实施信息技术便民惠民行动。结合乡村振兴战略的实施，加快乡村教育和公共卫生服务的信息化转型。同时加快推进农村地区的数字普惠金融发展，在缩小同城市地区的数字鸿沟的同时，通过丰富金融应用场景、创新金融产品等手段提升居民收入，在实现乡村振兴目标的基础上进一步缓解贫富分化问题[①]。

第三，扎实推进数字乡村发展新业态。以数字技术赋能乡村新业态融合发展，鼓励农业与信息产业深度融合。基于各地地方特色，因地制宜发展信息化产业，鼓励各类创业主体积极开拓"淘宝村"、体验农业、观光旅游等新业态。

四、高度重视提升全民数字技能

（一）降低普及数字技术所需门槛

一方面，以软件服务降低数字技术的应用门槛。引导企业研发推

① 沈费伟，袁欢. 大数据时代的数字乡村治理：实践逻辑与优化策略［J］. 农业经济问题，2020，490（10）：82-90.

出更多智能化、人性化、标准化的产品及服务，更好地激发人民使用数字技术的积极性。此外，还可以通过多种数字工具降低数字技术的学习成本，如通过人工智能、VR/AR 以及游戏化等工具，提高培训和课程内容的趣味性和个性化程度，更好地推动数字技术在全社会的普惠性普及。

另一方面，通过企业端的数字化工作流程提高工人对数字技术的使用程度。目前，仍有规模上亿的农民工群体在从事技能要求较低且收入较少的工作，少有时间或资金进行数字技能的学习，而数字化、自动化技术的进步和在工厂车间的应用正为工人提供机会。

（二）构建提高全民数字化技能的教育体系

《第 47 次中国互联网络发展状况统计报告》显示，截至 2020 年年底，中国网民规模达 9.89 亿人，互联网普及率为 70.4%[①]。近年来，数据要素的资源价值日益凸显，利用数据的数字技术正逐步成为新时代财富获取的重要工具，对基础科学的长期投入和对数字科技人才的培养的重要性也得到了越来越多的认可。

基于此，建议进一步健全数字人才培养机制，围绕数字社会建设发展需要，实施知识更新工程、技能提升行动，探索建立创新型、应用型、技能型等不同类型人才培养模式。支持高水平研究型大学主动开展与提升学生数字技能水平相关的复合型交叉学科建设。深化产教融合、校企合作，探索中国特色学徒制，持续完善职业教育体制机制。支持高校与科研院

---

① 中国互联网络信息中心．第 47 次中国互联网络发展状况统计报告［R/OL］．（2021 - 02 - 03）［2021 - 08 - 19］．http：//www.cac.gov.cn/2021 - 02/03/c _ 1613923423079314.htm.

所、行业、企业联合参与建设国家级继续教育基地，汇集多方优势，开展数字技能继续教育培训。发挥在线教育优势，深度开发国内外优质教学资源，培养更多拥有较强数字能力的专业人才，为未来我国数字经济发展做好人才储备。

第五章

现代化新征程中的数字政府建设

数字政府是数字中国建设的主要抓手和重要引擎。在新的发展阶段，加快数字政府建设将助力政府部门实现高水平运行和提供高质量服务，从而更加高效地解决数字社会建设面临的诸多问题与挑战，对数字中国建设和数字经济发展起到重大带动作用。为此，结合我国国情特色，细致梳理近年来数字政府建设的发展规律，分析研判当前数字政府建设面临的问题和挑战，探索构建更加智能化现代化的数字政府，已成为数字中国建设领域的一项重大课题。

◀◀◀ 第一节 ▶▶▶
我国数字政府建设的发展特色及趋势

随着数字技术的快速发展和深入渗透，我国政府的建设理念正逐渐从建设型、封闭式、条块化转向服务型、开放式、一体化。近年来，我国政府以提升治理能力为核心目标，以技术创新、模式创新和制度创新为抓手，不断提升政府数字化水平，基于数据的协同治理体系也在不断优化。

一、政府建设理念全面转变

（一）由建设型政府向服务型政府转变

近年来，"服务""共享""改革""一网通办""放管服""好差评"等热词频繁出现在政府文件中，同过去"行政""信息化""效率""管理"等侧重政府效率提升的热词形成了鲜明对比。这一现象反映了我国数字政府建设的理念由以政府建设为中心全面转型为以人民为中心，具体表现在两个方面，即以公民需求为导向、高度重视公民的反馈和参与度。

当前，互联网时代核心思想用户思维已经广泛渗入社会生活的方方面面，政府也愈加重视人民群众的想法感受，注重从民众体验的角度改进政务服务，并围绕民众的应用需求不断拓宽民生服务范围，努力提升人民群众在日常生活中的便捷感、安全感、获得感和幸福感。与此同时，多地政府在数字化转型的过程中开始将人民群众的服务体验作为评判标准。例如，上海建立了政务服务"好差评"制度，全面接受社会监督；福建秉承"为民解忧，效率服务"的理念，切实做到"有呼必应、有诉必理、有理必果"，用企业和人民群众的评价帮助政府部门不断提升服务质量。

（二）由封闭式政府向开放式政府转变

随着公民对社会公共服务需求质量的不断提升以及服务型政府建设理念的不断深化，政府的运行模式开始从相对封闭的自循环逐步转向打造面向社会开放的数字化生态。这一转变重点体现在平台思维和跨界思维的形成上。

传统政府治理往往仅由政府部门统一生产公共产品和提供公共服务，并同时进行社会公共事务治理。随着平台经济等新模式新技术的广泛应用，社会资源网络化配置的效率不断提升，市场、社会和广大民众都可以有效参与公共事务管理和公共产品与服务供给，各主体之间互动性更强，表现出大规模、实时化、自发性等具有平台属性的协作特点。政府部门也可以根据社会各方的需求热点，调整优化并扩展服务范围，进一步提升公共产品与服务的质量和水平。政府、市场、社会通过跨界互动以及平台协作，高效协调各类资源进而实现价值协同，实现了公共领域的多方共治。

（三）由条块化治理向一体化治理转变

治理模式转变是政府数字化转型的另一个主要特点。在数字时代，公众需求呈现出大规模、实时化、个性化的特点，与此同时，以分布式、高度互联、快速迭代为特点的数字技术广泛且深入地融入了社会生活的方方面面，给各部门各地区各自为政的传统政府治理模式造成显著冲击，并进一步推动政府治理从分散转向集中、从部分转向整体、从破碎转向整合。目前，政府的建设和治理逻辑正从层级式、分散式、串联式向扁平化、一体化、并行化加快转变①，构建整体政府、协同政府已经成为政府数字化转型的主要目标之一。

自 2018 年国务院办公厅印发《进一步深化"互联网＋政务服务"推进政务服务"一网、一门、一次"改革实施方案》以来，政府建设任务从以往强调纵向业务系统建设转变为强调横向联通能力的培养提升，政府治理模式也实现了从单一部门各司其职向多部门协同开展工作转变，即由条块分割的治理模式转变为全局部署、平台化协作的治理模式，使得政府机构更加简约，日常办事流程也更加简化。

二、各类改革创新加速推进

（一）技术创新

当前，新一轮的科技发展和技术变革方兴未艾。以云计算、大数据、人工智能、移动互联网、物联网、区块链等为代表的数字技术在快速更新

---

① 马长骏. 把握数字政府建设的理念变革［EB/OL］. （2018 - 08 - 27）［2021 - 08 - 19］. http：//www. cac. gov. cn/2018 - 08/27/c _ 1123333481. htm.

迭代的同时，正日益成为新一代通用型技术并加速向社会各领域全面渗透。其中，云计算和大数据技术在多地政务云建设过程中被广泛运用，人工智能、移动互联网和物联网技术为智慧城市建设提供了有力支持，众多数字技术通过与实体经济的深度融合成为数字政府加快建设优化的核心动力，为政府部门提供了包括数据计算与存储、应用支撑、信息安全保障在内的诸多共性通用服务。

以数字财政为例，首先，数字化技术可以精准有效地匹配财政资金和社会公共服务需求，大幅提升公共资源的配置及使用效率。其次，政府可以将民众的税收信息系统和银行、户籍等信息系统对接起来，通过降低信息不对称来优化税收制度，有效缓解税收的公平和效率难题。再次，数字技术在转移支付和各级财政补助发放过程中带来了巨大的效率提升和成本节约，政府和社会对财政资金运行的实时监测成为可能，大大保证了财政资金使用的安全、高效、公平。最后，数字孪生技术等政策仿真模拟可以在数据层面和模型与算法层面帮助政府部门优化财政分配机制，更好地以各方共赢和社会福利最大化为目标进行科学的调控，前瞻性地为政策制定者和决策者提供更多的政策选择，有助于提高财政政策绩效。

（二）模式创新

在数字技术不断突破的有力支撑下，我国数字政府建设进入了快速发展阶段。以政务云为基础，畅通 PC 端和移动端，连接民众、企业、政府三大群体，能够实现省、市、县、乡四级联动的"一云两端，三群四联"模式已在先进地区的数字政府建设中有所体现。该模式将为后发地区数字政府建设提供借鉴，并将得到进一步的完善和推广。

经过创新优化的数字政府建设模式不仅显著提高了政府效率，还扩大了公众参与范围，社会治理水平也得到了明显提升。政府运作模式在数字技术赋能下持续创新，传统政府和电子政务的融合更加深入，线上和线下的政务服务有效衔接、相互补充，有力地拓展了实体政府的服务范围。与此同时，远程监管、在线服务、协同治理等新模式正逐步应用推广，进一步延伸了政府治理的边界，推动了政府服务质量和治理效率的提升。

（三）制度创新

政府数字化转型中实现的制度创新主要表现为分享协作、高效协同的机制创新和业务重构、组织再造的体制创新[①]。

在机制创新方面，近年来，市场配置资源的制度体制不断优化，政府的职能正逐步从行政权力的有效配置转向数据资源的有效运用，众多省份相继成立独立的大数据管理部门，以数据统筹治理为抓手，大力推动跨地区、跨部门的政务数据打通及共享共用，多方互动、整体协同逐步成为数字时代下政府机制创新最重要的特征。在体制创新方面，多地在数字政府建设过程中加快转变政府职能，进一步深化行政体制改革，营造适合各类经济发展的良好环境。如广东的"政企分开，管运分离"模式、浙江的"最多跑一次"模式，以及北京和上海的"一网通办"模式，均有效地推动了流程重塑与政府重构。

三、政府数字化程度显著提升[②]

（一）数字政府建设取得积极进展

随着数字技术与政府治理深度融合发展，我国数字政府建设取得了积

---

①　陈国青，曾大军，卫强，等. 大数据环境下的决策范式转变与使能创新［J］. 管理世界，2020（2）：95-105.

②　本部分参考了以下资料：国脉研究院. 数字政府白皮书2.0［R/OL］.（2020-01-07）［2021-08-19］. http：//echinagov. com/report/271760. htm.

极进展，建设过程主要经历了以下四个阶段①。

1. 电子政府

2001 年之前，政府的信息化建设主要表现为电子化、无纸化办公以及政务信息化，典型应用包括电子邮件、政府内网、政府门户网站等。在这一阶段，政府部门以提升办公和管理效率为主要目标，立足于政府服务方式的技术化"改良"，借助计算机、服务器等硬件设施，在发布政府信息、提供公共服务、进行市场监管和回应人民的各项意见建议等方面重点发力，在一定程度上提高了政府的工作透明度、公共服务绩效和影响力。这一时期主要推进的政策工程包括"三金"工程、政府上网等信息化工程，均以政务内网为基础。

2. 网络政府

从 2002 年起至 2015 年，数字政府建设步入了网络政府阶段，数据化是这一阶段政府数字化转型的关键词，政府在此阶段以建设数字化的政务系统和大厅为主要目标，利用物联网、云平台、Web2.0 等数字技术强化了人、物、内容和服务的连接能力，实现了线上化与业务协同等业务演进，是政府数字化转型的起点。同第一阶段的电子政府相比，此阶段的数字政府的内涵更为丰富，更加强调"数据化"，政府的功能从过去的信息公开全面转向政务服务供给以及与民众互动交流，如各地一站式政务服务大厅正加速向线上运作转型，"市长信箱"等与民众互动的渠道也更加畅通。随着社交媒体和移动互联网加速普及，越来越多的电子政务开始向移动政务模式转型，政府管理和公共服务也进一步转向移动端。

---

① 张建锋.数字政府 2.0 数据智能助力治理现代化［M］.北京：中信出版社，2019.

3. 数字政府

2015 年起，政府以优化服务模式和改善民众体验为建设目标、以数据的整合与共享为驱动力开展数字化转型工作，数据上云、汇聚与融合创新成为这一阶段的主要特征。在大数据、云计算等数字技术的赋能之下，地方政府部门相继开发上线"粤省事""随申办""鄂汇办"等政务客户端应用软件，城市管理等政府治理场景快速扩展，政务民生等公共服务场景不断升级，政府服务和数字化供给水平得到全面提升。

4. 智慧政府

现阶段，我国数字政府建设正向智慧政府不断演进，由数据化到智能化的发展路径日益清晰。政府以拓展智能创新应用为建设目标，在人才培养、工程实践、研究开发、数字治理、技术交叉等各领域综合发力，探索利用区块链和 VR、AR 技术，通过应用创新进一步驱动传统政务业务开展流程改造和创新。未来，政府的服务将更加精准化智能化，服务方式也将从被动式供给向主动式提供加快转变。

（二）各地区数字化转型各具特色

在我国数字经济快速发展的背景下，各省（区、市）数字政府建设呈现良好态势，根据发展重点不同可划分为以下四种模式。

1. 浙江模式

一直以来，浙江省在其公共数据平台的支撑下，将数据共享模型和业务协同模型方法贯穿到政府数字化转型的各个方面，为当地数字政府建设打下了良好的数据基础。在此背景下，浙江省长期秉持以数据开放驱动政府创新的发展原则，以数字化转型为牵引、以精准化治理为抓手，进一步推进数据共享和流程优化，由点到面全面铺开，将"最多跑一次"改革进行到底，撬动各个领域改革，全力建设"整体智治、唯实惟先"的现代政府。

2. 杭州模式

杭州市早在 2000 年就提出了"构筑数字杭州，建设天堂硅谷"的战略目标，并于 2017 年率先组建数据资源管理局，推动数据资源在政府管理与社会治理领域的应用，同时加快推进城市数据大脑等重大项目建设。目前，杭州市数字治理已经深入到包括街道治理、社区管理等社会治理的方方面面。近年来，杭州市以数据融合为突破口，打造数字化平台型数字政府，实现城市治理向"城市智理"升维。2021 年 3 月，杭州市发布了《关于"数智杭州"建设的总体方案》，进一步明确了以城市大脑对接党政机关整体智治、数字政府、数字社会、数字法治，支撑数字治理第一城建设的发展路径。

3. 广东模式

广东省依托大数据、政务云、政务网三大先进信息基础设施建设工作，重点打造政务云平台、政务大数据中心、公共支撑平台三大基础资源平台，结合高频业务场景，推出广东政务服务网、协同办公平台、"粤省事"移动民生应用三大应用，并以集约政务服务建设"指尖办"为目标，自上而下统筹建设，以机构改革为突破口，着力打造集约化整体型数字政府。

专栏 5-1

广东省数字政务建设特色

广东省依托一体化在线政务服务平台数据共享、电子证照、电子印章等基础支撑能力,截至2020年12月31日,已在近24 000项高频服务事项办理过程中实现电子证照关联,大幅提升了企业和群众的办事效率,全省累计签发2 377种共5.4亿张电子证照,实现45种个人、42种法人常用证照全省覆盖。结合"粤省事"和"粤商通"等移动应用服务平台建设,将企业和群众最常用的驾驶证、社保卡、出入境证和营业执照等电子凭证集中管理。同时,省内各市加速推进数字政府建设:深圳着力发挥"最互联网城市"优势,在数字政府建设中努力构建以"一图全面感知、一号走遍深圳、一键可知全局、一体运行联动、一站创新创业、一屏智享生活"为目标的数字政务服务环境;广州已打造出一个全国领先的"智慧政务"平台,在数字政府建设的框架下实现了政务数据高度共享、涉企审批事项高度整合、政务服务各环节与所需数据高度对接;佛山搭建了统一政务服务平台,以App的形式将不同的政务办理功能统筹起来,打破信息孤岛,提供一站式高度便捷的政务服务,以及基于大数据的定制化个性化业务推送。

资料来源:广东省数字政府改革建设"十四五"规划。

4. 京津冀模式

京津冀三地在数字政府建设方面坚持协同发展,高度重视提升社会服务质量,在行政审批改革和"互联网+政务服务"领域取得了明显成效。其中,北京市坚持"贴心服务、用户第一"的理念,以政务服务为突破口,深化政务服务资源整合共享,着力建成全市统一的"一网通办"总门户,不断提升人民群众满意度,更好地利企便民,营造一流营商环境。

四、基于大数据的协同治理不断优化

(一) 数据开放共享取得重大突破

近年来，我国数字经济发展迅猛，各个行业企业数字化转型步伐不断加快，随着 5G、人工智能、物联网等新型数字技术的快速普及和广泛应用，公共数据资源迎来了爆发式增长。据 IDC 发布的《数据时代 2025》预测，全球数据量将从 2018 年的 33ZB 增至 2025 年的 175ZB，增长超过 4 倍；中国数据量增速快于全球，预计到 2025 年将增至 48.6ZB，占全球数据量的比例将由 23.4% 提升至 27.8%。

自 2015 年国务院发布《促进大数据发展行动纲要》，将数据定位为国家基础性战略资源，并将大数据发展上升为国家战略之后，大数据开始成为国家信息化发展的核心主题。习近平总书记也明确提出："要运用大数据提升国家治理现代化水平"，"要建立健全大数据辅助科学决策和社会治理的机制，推进政府管理和社会治理模式创新，实现政府决策科学化、社会治理精准化、公共服务高效化"。当前，大数据技术在社会服务与政府治理领域的应用集中体现为数据资源的整合共享，包括政府部门内部的数据开放共享，以及政府部门与社会的数据开放共享。

依托全国一体化的政务服务平台，我国政务大数据整合共享工作已经基本实现了"网络通、数据通"的阶段性目标，政务数据协调共享机制进一步健全，政府内部数据归集共享程度明显提高，公共数据开放程度也显著上升。目前，我国已经建成了人口、法人、就业、社保、社会信用、空间地理等一批基础数据资源库，并形成了良好的数据开放共享机制。截至 2021 年 4 月末，全国共计 174 个省级及市级地方政府上线了数据开放平台，其中省级平台共计18个，市级平台共计156个，为政府公共部门、企业、社会团体等形成协同治理提供了技术支持与保障，进一步巩固强化了协同合作的现代化社会治理理念。

（二）一体化政务服务能力显著提升

在数字中国国家战略和国家第十四个五年规划的指导之下，全国层面的数字政府建设进程明显加快。与此同时，多个省（区、市）陆续发布"十四五"数字化建设规划，"大数据""智能化"等词也频频出现在各个城市的基层治理方案当中，各地的数字政务服务水平也在加速提升。

近年来，以国家政务服务平台为总枢纽的全国一体化政务服务平台建设效果显著并逐步发挥作用。目前，32个省级政务服务平台和46个国务院部门政务服务平台已经与国家政务服务平台全面对接，全国一体化的平台标准规范体系、安全保障体系以及运营管理体系基本建成，助力政府治理能力获得大幅提升，为加快推进数字政府建设提供了强有力的支撑。

（三）社会各方积极参与社会治理

大数据具有信息体量大、种类繁多、处理速度快等特性，能够快速且最大限度地获取最广泛的基层群众的不同诉求信息，形成更为精细的管理方式，为基层治理提供高可信度的信息样本。社会各方针对数据价值的挖掘和应用已经成为精细化治理和个性化服务的重要实现形式①。在治理对象全面数字化转型和治理场景日趋复杂多样的发展背景下，各类数字化企业和社会组织快速崛起并积极参与数字政府建设，"政策强监管，舆论强监督"的新

---

① 周民. 关于加快推进数字政府建设的若干思考［J］. 信息安全研究，2020（6）：88-91.

型治理模式也使得人民群众能够更好地参与社会治理，从而弥补政府技术和人员的不足，通过共建共享共治的协同治理模式加快推进国家治理现代化。

随着现代数字技术的快速发展，经济社会各领域的数字化转型不断加速，治理所需数据正从单一、静态走向海量、动态。"媒体＋智库＋产业组织"的大数据的运作模式初具雏形，即"媒体"作为聚合资源的枢纽节点，通过构建"智库体系"作为自身价值支撑，同各类产业组织紧密合作，形成面向产业和社会服务的运营生态，使得政府部门能够以量化的方式把握社会公众的公共服务需求，为前瞻性地开展国家治理现代化转型工作提供了支持①。

以政务云建设为例，我国政务云经历了多年的培育和探索，已经逐步进入全面应用的普及阶段。在新冠疫情的催化之下，2020 年我国政务云市场规模增长至 653.6 亿元。当前，政务领域已经成为各大云计算厂商争相布局、竞争最为激烈的领域之一，也充分体现了政府数据"政企合作、管用分离"的特征。

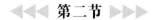

第二节

我国数字政府建设面临的突出问题

尽管数字政府建设正在如火如荼地进行，但数字化对政府组织结构和

---

① 詹国彬. 以大数据思维推进国家治理现代化 [EB /OL]. （2020 - 04 - 15）[2021 - 08 - 19]. http: //www. cssn. cn/zx/bwyc/202004/t20200415 _ 5114163. shtml.

治理服务体系的优化作用还尚未完全显现，资源共享难、互联互通难、业务协同难等公共数据开发利用领域的相关问题依然突出，全国层面的政府部门纵横联动能力相对较弱，新时代下数字政府的职能定位还需与时俱进，等等。长期来看，我国的数字政府建设仍有较大的改进优化空间。

一、公共数据开发利用机制有待完善

(一) 整体建设和统一规划仍需加强

一是数据中心布局有待优化。目前我国数据中心还面临着供给需求不平衡、能源利用不充分、建设布局不合理等问题。当前，东部地区互联网企业密集，数字政府建设相对较快，对数据中心的应用需求大，但由于数据中心在运行过程中需要消耗大量电能，电力成本过高，制约了数据中心的大规模建设；而西部地区虽然能源丰富且气候适宜，但受限于网络带宽小、省际数据传输费用高，长期以来难以有效承接东部地区的需求。

二是数网协同发展有待提升。目前，我国数据中心、云以及网络之间尚未形成良好的协同联动，国家枢纽节点内的新型数据中心集群之间的网络直连有待优化，跨网、跨地区、跨企业的数据交互相对较弱，同时仍有一批"老旧小散"数据中心的能源利用效率和算力供给能力亟待提升，网络质量在支撑算力调度、服务新产业新动能方面仍有提升空间。

三是数据中心建设标准有待明确。自数据中心产业爆发式增长以来，相当数量的省（区、市）加快建设数据中心，并在建设过程中以体量和规模作为评估指标，忽视了数据中心利用率、算力规模、能效水平、网络时延等反映数据中心发展质量的指标，一些数字化转型相对较慢的地区盲目上马建设数据中心的现象仍然存在。为避免政府数字化转型中存在的重复建设、各自为政的现象，同时最大限度地降低行政成本，亟须出台标准，尽早明确与数据相关的数字基础设施建设规则。

（二）辅助决策和协调联动仍需完善

政府的政策制定和统筹规划离不开数据的辅助决策和各部门协同的支撑，而当前我国政府的权责归属和体制架构并未与时俱进，一定程度上制约了公共数据的开发利用，拖累了政务数字化转型的进度。

在纵向部门高度集中和横向部门分立的双重架构制约下，政府跨部门的信息协同面临巨大阻力，数据流动使用机制和治理结构机制不够健全，导致政府总体的治理能力难以提升。电子政务阶段的政府信息化更加强调业务导向，产生的大量数据信息均是信息系统的副产品，其作为资源的价值并未得到重视，导致众多政府数据呈分散状态。各个部门自上而下存在多种责任机制，"谁的数据谁负责"带来外部问责压力加大，严重挫伤了政府部门公开数据的积极性。此外，数据资源的无偿共享和审批权力下放更是打破了原有的部门利益格局，导致部分利益受损部门不愿参加数字化改革，甚至阻碍数据等资源自由流动。在此背景下，政务数据的共享程度还有待提高，数据共享对接机制也仍有进一步完善和优化的空间。

（三）数字安全和数据利用仍需优化

政务数据是数字政府的"根基"和"底座"，具有权威性、专业性、全覆盖、可追溯等特征，在提升国家治理现代化水平方面发挥了重大作用。然而，当前数字安全问题日益突出，数据利用的具体操作规则、管理规范等还有待细化。与此同时，我国信息资源开发利用不足，数据无序滥用的现象也同时存在，数字政府普遍面临信息孤岛、系统重复建设、大数据应用不充分等问题，一定程度上造成了政府"不敢用""不会用"的问题。

一方面，政务数据涉及大量的公民隐私信息，此前更是频频出现过度采集个人数据的苗头性问题，引发了社会对个人隐私安全的强烈担忧。近年来，《数据安全法》《个人信息保护法》等高标准严要求的法律法规相继出台，表明了我国在对公民数据的管理方面呈现出以谨慎为主的发展趋势。法律制度和技术手段的不完善直接制约了政府数据开放和利用的进程，一定程度上拖累了数字政府建设。

另一方面，政府对已经开放的政务数据的利用效能还相对较低，算法研究相对不足，政务数据的分析利用水平还有待提高。尽管目前我国政府数据平台正在加快建设，2020 年有效数据集开放平台数量达 142 个，较 2017 年增长了超过 10 倍，但政务数据的利用成效仍然偏低，且有效应用领域主要集中在交通、旅游信息查询、公共服务等方面，在经济领域的应用还相对较少，经济赋能作用有待进一步加强。

二、政府部门纵横联动能力有待提升[①]

（一）基层数字化转型相对滞后

当前，数字政府一般由省级层面统筹，大多要求数字技术向上看齐、数据信息向上汇集，在形成完整的政策体系之后由点到面强制性推广，常常出现数字项目建设未充分结合基层治理需要、难以解决实际基层治理问题等现象。

---

① 中国信通院. 数字时代治理现代化研究报告（2021）[R/OL]. (2021 − 03 − 02)[2021 − 08 − 19]. http://www.caict.ac.cn/kxyj/qwfb/ztbg/202103/P020210302513072095209.pdf.

在规划建设方面，部分市级、县级政府在编制信息化建设规划时未将乡镇街道及社区纳入规划设计范围，导致一些地方盲目上马智慧城市建设项目，与城市或辖区内公民的需求脱节，结果成本高、获得感差、可持续性不强。在数据资源整合方面，农村等偏远地区的数字基础设施建设相对滞后，乡镇街道及社区的地理信息等基础数据收集尚不完善，乡镇街道同各个部门政务信息系统的数据交换机制也有待优化。在数字项目落地方面，由于基层政府忽视配套使用政策的推广宣传、新老系统的切换等工作，使得一批数字项目成为面子工程，形同虚设。

（二）各部门协同运行不够畅通

以数据治理体系为代表的政务数字化体系应该是整体相互关联、长期动态协同的系统，但我国现行的数据管理和信息资源应用模式却多呈现出条块分割的特点，部门间、地区间"数据孤岛"问题凸显，数字政府建设中的碎片化治理问题也仍然突出。

以财政大数据应用建设为例，早期国家为实现电子化政府设计并推广了一系列大型信息化工程，其中，以金财工程为代表的"金字工程"主要由中央部委在其垂直管理的业务系统内部统筹推进信息共享和业务协同，虽然实现了垂直一体化，但横向来看却彼此割裂，各部门各地方之间难以沟通，呈现碎片化的格局，部分问题甚至延续到了今天。此外，在当前财政大数据应用系统建设过程中，地方和全国的技术标准不同，造成财政支出数据整合困难，难以实现全国层面的统筹分拨和及时反馈。例如，江苏省先行发展已取得良好成效，但和中央系统在统计口径等方面不兼容，打通成本很高，难以自发实施。

（三）部分地区建设思路还需改进

从地理空间上看，当前我国东南沿海地区的省级政府数据平台已经相连成片，广东、广西、山东、四川以及浙江等省份及下辖绝大部分市均已上线了数据开放平台，而西南地区数据平台建设明显相对落后，不同地域间发展不平衡现象日益突出，部分省份在数字政府建设方面存在重硬件轻软件、重建设轻管理、重单项轻体系等问题。

以全国一体化政务服务平台建设为例，当前，一体化政务服务体系建设还面临着政务服务标准化、规范化和便利化仍需推进，数据共享和业务协同有待加强，政务服务的线上线下融合尚需深化、高频政务服务事项尚未实现"一网通办"等问题。这反映出在数字政府建设过程中仍需持续深化全国一体化的平台建设思路，不断更新迭代软件等应用技术支持，通过加强对政务服务平台的管理促进数字政府整体转型升级。

再以健康码在全国的推广为例，新冠疫情暴发初期，各个城市依托本地自主开发的健康码小程序进行防控治理，不同地区间健康码在界面展示、程序入口、数据管理要求等方面存在较大差异。在全国统一的健康码已经推出的背景下，各地在防疫实践中仍习惯使用本地健康码，给居民出行及行业监管带来了一定困扰，体现出各个地方重视本地数字化建设而忽视全国一体化联动治理的传统思路。

三、数字政府的职能和作用有待明确

（一）数字技术给治理体系带来冲击

数字经济时代，数字技术催生的工业互联网、共享经济等新业态新模式在发展过程中涉及多部门协调，原有的信息传递规则被打破，信息和数据由单向传递转变为多中心传播,极大地增强了传统治理场景的动态性、复杂性和不可预知性,致使网络诈骗、虚假宣传等违法行为的门槛降低。传统治理模式普遍反应滞后,难以找到对应的法规条文,常常出现政出多门,不同政策标准或要求相互抵触矛盾的情况,反映出当前政策制定部门对新技术理解不到位,面临原有规则和方法难以适应新经济等问题①。

除此之外,政策制定部门的快速响应能力仍显不足。在数字技术快速发展的今天,产品和产业的更新换代速度远超以往,市场的快速变化对政府部门的社会治理工作提出了更高的要求。政府部门不仅要在市场准入、流通、监管、社会诚信及市场激励等环节建立起有效的机制规则,而且要具备快速响应、创新迭代的政策调整能力。

(二) 政府与市场间关系有所变化

处理好政府与市场的关系是数字政府建设的关键。在数字技术高度发达、网络广泛渗透且社会高度互联的今天,许多公共服务效率得到了极大提升。以往只能由政府提供的公共服务具备了商业化提供的可能,当前已有一批企业踏入公共服务领域,以相同甚至更低的成本提供社会服务。与此同时,随着平台型企业迅速发展壮大,以腾讯、阿里巴巴等为代表的平台企业掌握了大量的用户个人信息,而政府作为外部监管者,信息和能力都相对不足,在部分领域的社会服务或治理中处于劣势。

在此背景下,仅仅靠政府力量开展市场监管、社会治理和提供公共服务远远不够,还需要市场和全社会的力量。例如,就政府自身而言,很难

---

① 徐梦周,吕铁.赋能数字经济发展的数字政府建设:内在逻辑与创新路径 [J].学习与探索,2020 (3):78-85.

独立地完全解决数字政府项目的投资效益问题。此外，数字政府的效能评价机制也仍需改进。当前评价内容侧重于对政务服务和政务互动的评价，而对更加广泛的社会治理、市场监管等领域的评价内容明显偏少。

◀◀◀ 第三节 ▶▶▶

推动我国数字政府高质量建设的政策建议

近年来，我国将数字中国战略上升为国家战略，数字政府作为其中的重要组成部分，成为各级政府拥抱数字化浪潮的重要途径。本节在深入分析当前各地方数字政府建设过程中存在的问题和可供借鉴推广的经验之后，提出了推动我国数字政府高质量建设的几点建议。

一、加快推进公共数据开发利用

（一）盘活现有政务数据资源

我国是世界人口大国，人口红利推动中国互联网快速发展，预计到2025 年，中国数据总量将跃居世界第一，全球占比有望达到 27％以上。然而当前，在国内获取大规模、高质量、可挖掘的数据仍然困难，还需统筹规划，盘活现有数据资源，加速将数据转换成为高价值生产要素的过程。

一是推进数据资源普查。围绕数字政府建设目标，依托升级大数据中心或大数据管理部门等公共机构，全面推进政务数据资源普查工作，厘清政务数据资源的分布状况，全面盘点现有政务数据资源存量。二是充分挖掘各类数据。合理布局建设一批以 5G、大数据中心等为代表的新型基础设施，并进一步推动区块链、人工智能等技术的应用，充分发挥数字效能，将更多资源数字化。三是高度重视数据安全。政务数据普遍属于高价值数据，亟须加快提升政务数据资源立法层次。基于此，建议探索利用区块链数据共享模式，不断拓宽应用范围，同时加强数据脱敏、授权的试点示范，在保证数据安全的前提下推动政务数据合理开放共享。

（二）推动数据"多跨"协同互通

更加系统性地推进"三融五跨"协同治理，即以实现技术融合、业务融合、数据融合，以及跨业务、跨部门、跨层级、跨区域、跨系统打通应用场景为目标，加快政府数据开放平台建设，加快打通各个数据所有部门间的数据壁垒。

一方面，强化对数据资源的专项整合。加快推进一体化政务数据中心建设，重点加强对数据开发利用技术和数据安全标准体系的建设，细化政务数据的收集、使用以及监管等方面的规范和操作规则，通过各部门监测数据的动态交互，实现即时高效的智能搜索、分析判断和联动指挥。同时，大力推动全域数据的深度汇聚，在鼓励支持数字技术创新应用的同时，高度重视政府机构体制机制的改革创新，如将政务数据的汇集质量、进度、及时度等纳入政府部门公务员的考核指标等。

另一方面，推进各类数据平台信息汇聚融合，避免多业务多部门并行带来的资源浪费和重复建设。根据数据使用的频率和数据的溢出效应判断其价值高低，将基础性、宏观性、统筹性的数据汇聚到一个平台或系统，并通过构建"数据中台"协助政府优化服务流程和服务方式，同步推进政务数据的标准化，从而更大程度地调动并利用社会多方资源，推动政府和社会建立基于数据开放协同的良性互动，形成强大合力。

（三）优化数据共享利用体系

以完善国家政务服务平台为依托，进一步推动数据开放共享，面向公众提供高质量的公共服务产品，不断解决公共治理中的难点痛点。

第一，推动政府数据进一步共享开放。以实现数据的汇聚和统筹管理为目标，搭建一批政务数据平台，同时建立政务数据开放"负面清单"制度，进一步提升数据开放共享水平。建立一体化政务大数据中心，将一批专有性、部门性、属地性强的数据通过逻辑汇聚加以统筹管理，形成自然人、法人、自然资源与空间地理、社会信用、电子证照五大基础数据库，并针对业务应用场景，建设主题数据库和专题数据库。

第二，推动各类公共数据资源开发利用。一是确立公共数据资源开发利用的基本原则。明确公共数据资源开发利用的边界条件和监管措施，加强数据分级分类管理，确定可开发利用数据资源的范围，建立公共数据资源开发利用目录清单。二是探索构建数据产品和服务价格形成机制以及收益分配方式，组建省级公共数据资源交易中心。三是开展公共数据资源开发利用试点。在有条件的地市选择经济效益和社会效益明显的教育、交通等领域开展公共数据资源开发利用试点。

二、大力推动政务信息化共建共用

（一）持续深化政务信息系统整合

加大政务信息化建设统筹力度，使用清单化的管理方式做好宏观调控。布局建设执政能力、依法治国、经济治理、市场监管、公共安全、生态环境等重大信息系统，提升跨部门协同治理能力。加快完善国家电子政务网络，集约建设政务云平台和数据中心体系，推进政务信息系统云迁移。

充分发挥国家数据共享交换平台枢纽作用。以提高数据价值和行政效率为出发点，不断优化完善国家数据共享交换平台，加快形成"用数据说话、用数据管理、用数据决策、用数据服务"的数字政务组织体系。同时加快建设政府数据开放平台，积极推进政务信息系统整合共享工作，进一步推动政府数据资源开放共享、提升政务数据资源利用率，充分发挥政务数据的资源价值。

（二）引导支持社会各方积极参与

以开放合作、集约建设的政企协同模式为发展思路，有效利用社会化服务资源，加快建设一体化政务大数据中心体系，以政企共建的形式为各级政府部门提供专业化且更加全面的数据中心以及异地容灾备份服务，为政务信息化建设提供统一、专业、集约、安全的算力资源支持及数据保障。

引导各级国资委带头成立国有控股的数据产业公司，由数据管理部门进行业务管理与指导，充分发挥大数据服务公司的社会桥梁、平台及中介功能，对政府部门拥有的大数据资源进行市场化运作和开发，促进数据资源与产业发展深度融合。同时，建立大数据产业园区，引导更多国有大数据产业企业参与其中，营造多方共建的良好局面。

鼓励商业数据面向社会有偿开放与共享。支持互联网平台等第三方数据资源开发者和社会力量对各类数据进行社会化开发、汇聚和整合，推动商业数据按照等价支付、有序流动的原则在云架构中自由流动，带动整个数据商业价值链规模化发展。

(三) 推动数字政务建设创新迭代

充分发挥数据资源的创新要素作用，通过整合优化产业链、创新链、资金链，加速推进公共数据资源服务全社会，进一步催生新产品、新业态、新模式，在满足人民需求的同时推动数字经济高质量发展。

不断优化全国统一的国家政务网络建设，在改进过程中突出问题导向，重点突破专网整合、信息安全、统一标准等难题，加快同 5G、大数据、区块链等新兴数字技术相融合，不断优化政务网络基础设施建设，增强政务信息系统快速部署能力和弹性扩展能力，同时加快移动终端接入能力建设，不断提高政务网络覆盖范围，稳步推进政务网络向综合性基础设施平台加快转变。

持续深化"互联网＋政务服务"，采用组合拳的方式，综合运用一系列新技术、新手段和新模式，打破公共服务各领域、各环节的服务瓶颈。同时充分发挥数字经济带来的技术优势，使政府部门能够针对社会治理过程及现状进行实时监测和即时动态调整，进一步强化信息和行为的追溯管理。

三、全面提升数字政府智能化水平

(一) 政务服务数字化

构建以人民为中心的服务型政府是我国数字政府建设的根本出发点。基于此，要立足需求侧，根据群众和企业的需求创新供给侧的公共服务供给，构建普惠、便捷、高效的公共服务体系。

第一，全面升级一体化政务服务能力。依托移动政务服务平台，着力消除"排队长、卡证多、办事难、效率低、体验差"现象，提升群众的获得感。紧密围绕民生保障、社保医疗、就业创业等关系社会群众切身利益的领域，开展更接地气的公共服务系统功能设计，创新供给侧改革。积极创新政务服务方式及体验，支持政府内部跨部门联合监管、协同指挥以及并联审批，提升政府运行效率。在提供优质便利的涉企服务的同时，全面提升面向社会群众的服务能力，全面提升一体化在线政务服务能力。

第二，持续推进政务服务数字化智能化。完善政务云平台和高可靠智能化、云网一体的数字政府智慧网络建设。通过大数据和人工智能技术，进一步规范和完善政务服务"一网通办"，在其他数字政府建设相对滞后的省份，加快部署推广"浙里办""闽政通""粤省事"等应用软件，持续推进移动端政务服务建设，切实提升"互联网＋政务服务"的数字化智能化水平。

（二）经济调节数字化

当前，我国经济已由高速增长阶段全面转向高质量发展阶段，经济体系优化升级是"十四五"时期国家的明确目标，数字融合将全面助力这一目标的实现。但随着市场参与主体日趋多元，信用风险加剧泛化，更加需要政府部门高水平地协调多样化的市场活动。

数字技术使得政府更加接近市场，能够以更加低廉的成本和更加便捷的方式实时掌握市场主体的经营数据、行为数据等。基于此，建议政府部门充分发挥数字技术在经济调控和市场监管方面的优势[①]。在经济调控方

---

① 江小涓. 以数字政府建设支撑高水平数字中国建设［J］. 中国行政管理，2020（11）：8－9.

面，通过数字技术实时了解经济运行情况，通过交叉分析不同来源的各领域数据把握经济运行规律，做好分析研判，从而高效应对。在市场监管方面，使用新的数字技术手段整合分析出各个市场主体的多方面信息，并与同行业类型的企业产品的已知信息进行交叉比对，提前识别出异常现象，及时发现违法违规概率较高或是有此倾向的市场主体，有针对性地加强监督，最大限度地减少对合规企业正常经营的干扰。

（三）社会治理数字化

新时代，人民群众对安全有序、环境优美的生活发展环境有了更高的诉求，社会管理和公共服务的数字化水平有待进一步提升。目前，大数据、人工智能等数字技术正加快应用于公共事务管理等社会治理领域，显著加速了社会治理的数字化转型，但也应看到，由于前沿技术的应用仍处于探索阶段，政府提供的数字治理服务还需不断地适应调整，以进一步提高社会治理的数字化、现代化、智能化水平[①]。

第一，把握底线思维，充分研究全社会数字化转型后新领域发展存在的潜在经济社会风险，从把控风险的角度开展治理。一是深入贯彻全面依法治国理念，依据法规法条处理各类政府行政审批事项；二是推进电子监察，通过数字技术实现全程留痕有据可寻，强化优化执法及问责机制；三是加强数字政府执法监督，形成合法有效的政府监管机制，进一步规范社会秩序。

第二，开展协同治理，将互联网时代的整合思维深入应用到数字政府

---

① 陆峰. 加快数字政府建设的七大要点［EB/OL］.（2018-04-26）［2021-08-19］. https：//news. gmw. cn/2018-04/26/content_28499224. htm.

建设中，通过推动各方共建共用共享共治，提高政府的集约建设能力。充分利用社会各方资源，加强政府同企业的合作，多方参与、群策群力，推进政府治理及监管决策平台同金融、电信、教育、医疗、能源等领域企业的对接合作，全面提升政府部门社会治理协同联动能力。

第三，推进适应性治理，提升大数据、云计算、区块链、数字孪生等数字技术在政府运行中的应用水平，从而进一步提高治理响应的敏捷程度。在政府的日常工作中，加强对政务、行业和社会等多方面数据的交叉对比，深入挖掘数据背后的发展运行逻辑并提前开展趋势研判分析，提高对社会治理、经济运行、民生服务等多领域的深度分析和预测能力，根据变化即时调整治理思路与力度，实时应对社会运行的最新变化。

（四）政府运行数字化

大力推进对数字政府的升级重塑，以积极有效的制度和政策支撑数字中国体系的不断优化完善。

第一，处理好统一规划和基层建设的关系。加快优化地方新型基础设施建设，着力推动基层治理向社会化、法治化、智能化、专业化全面转型。积极创设技术支撑，向各级地方政府提供统一云服务等技术支持，在统一建设时面向市区两级、各个部门及服务终端门户网站进行统一梳理，打造便于使用、简单完备的政务系统，同时避免地方在政务基础设施上重复建设。

第二，建立可管可控的行政立法保障体系[①]。转变公共行政运行模式，建立完善敏捷的数字化监管、通报、响应和处置机制，充分利用数字孪

---

① 曹亮亮. 数字政府升级和重塑的四个路径 [J]. 人民论坛, 2019（23）: 60 - 61.

生、人工智能等先进数字技术，有规划、有秩序地对数字政府实际运行过程中可能或已经出现的问题进行防范与处理，从而达到最佳政府运行状态。同时，制定客观有效的评估考核机制，将对各部门各层级公务人员的激励、惩处同其在数字政府中的贡献程度挂钩，让数字政府的工作职能真正发挥作用。

第六章

现代化新征程中的数字生态建设

数字生态是在数字时代，政府、企业和个人等社会经济主体围绕数据循环流动和相互作用，通过数字化、信息化和智能化等数字技术，进行链接、互动与交易等活动，从而形成的社会经济生态系统[①]。近年来，数字生态建设得到了中央及有关部门的高度重视，国家"十四五"规划和 2021 年《政府工作报告》均明确提出要营造良好数字生态，数字生态建设也首次被提升到了国家战略的高度。在《中华人民共和国国民经济和社会发展第十四个五年规划和 2035 年远景目标纲要》第五篇第十八章中，更是重点指出要建立健全数据要素市场规则、营造规范有序的政策环境、加强网络安全保护以及推动构建网络空间命运共同体。本章从以上四个方面入手，在梳理总结当前我国数字生态建设情况的基础上，剖析数字生态建设中存在的主要问题，对未来可能面临的风险和挑战做出了判断，进而针对构建中国特色数字生态体系提出了指向性的政策建议。

◀◀◀ 第一节 ▶▶▶

我国数字生态的发展特点及发展趋势

近年来，在数字中国战略的引导下，我国数字基础进一步夯实，政策

---

① 张平文. 数字生态将改变什么 ［EB /OL］. （2020 - 10 - 12）［2021 - 08 - 19］. https：// news. gmw. cn/2020 - 10/12/content_ 34257711. htm.

环境不断优化，数字安全和国际化的能力显著提升，数字政府建设日益完善，数字社会发展步伐加快，数字生态也更加开放健全。

一、数据要素资产价值日益凸显

数字经济的核心要素是数据化的知识和信息。随着万物互联时代的到来，以及新一轮科技革命和产业变革的快速推进，数据资源正以几何级数爆发式增长。数据作为新型生产要素重建了人类理解、预测以及控制客观世界的新体系新模式，并正成为驱动数字经济相关产业甚至整个经济社会发展的重要力量。与此同时，定价算法、推荐算法等数据处理技术开始被广泛运用于电子商务、新媒体、交通、医疗等领域，软件和算法逐步成为新的生产工具，正在重新定义社会的生产方式。

在数字经济高速发展的大背景下，传统的人才、技术、资本、管理等生产要素也以数据为纽带展开多要素联动，以数据为内核，追求多要素协同创新、协同发展的新模式正成为数字经济发展的重要形式。数据要素正在创造更多的价值，当前主要采取的价值创造模式是价值倍增、资源优化和投入替代。其中，价值倍增是指数据要素凭借其提高单一要素生产效率的特点，通过与劳动、资本、土地、知识、技术、管理等单一要素融合，对经济发展产生放大叠加和倍增的作用；资源优化是指在高度数字化、智能化的信息环境中，数据作为纽带实现多要素的链条联动，进而提高劳动、资本等传统要素配置效率；投入替代则是指以数字化新模式减少传统商业或产业运营中的大规模硬件设施投入，如移动支付替代传统 ATM 机，政务"最多跑一次"等减少人力和资源的消耗等，用更少的投入创造更高的价值。

二、数字经济进入高质量发展阶段

（一）数字经济已成为经济增长新引擎

随着数字技术日益成为新一代通用型技术，数据价值化加速推进，经济社会的数字化、网络化、智能化水平不断提升，数字经济正成为加速重构经济发展与社会治理的新型经济形态，人类历史全面进入以数字技术为核心驱动力量的数字经济新时代。

当前，我国数字经济正处于高速发展期，各类数字技术创新持续取得新的突破，应用领域不断拓展，行业竞争力逐年增强，数字经济规模已跃居世界前列。据中国信通院测算，2020 年我国数字经济规模近 5.4 万亿美元，同比增长 9.6%，对国民经济的贡献显著增强，在优化经济结构、促进产业整体转型升级等方面的作用凸显。数字经济已经深刻融入了国民经济各个领域，为我国长期经济发展提供了新动能，成为拉动经济增长的新引擎。

（二）数字经济与实体经济深度融合

数字技术通过与实体经济深度融合，在经济和社会各领域实现了广泛的应用和渗透，深刻改变了人们的生产生活，促进了生产效率和生活便捷度的提高，进而形成了新的强大发展动力，对经济发展产生了总体性的变革式影响。

在制造业方面，数字经济企业通过深入实施智能制造战略，推动企业在资源分配、制造执行、供应链管理、仓储物流管理等环节深化数字技术融合应用，开展工业大数据采集、处理、汇聚、利用，带动产业链上下游企业加快数字化转型，进而促进产业链整体协同，最终实现制造品质与生产效率的提升。在服务业方面，数字技术通过打通消费品产业链上下游，汇集生产、销售、管理数据，深度挖掘分析市场需求，利用大数据分析辅助产品定位、产品设计、质量提升、精准营销、定制服务，提升消费品品质。但是也应注意到，目前产业之间数字渗透率不均衡的特征仍然明显，整体表现出"三产高于二产、二产高于一产"的逆向融合趋势。

(三) 产业生态发展向消费端整合

从传统经济时代过渡到数字经济时代，企业和资本甚至整个市场的行为逻辑与权力结构都会发生根本性变化。传统经济时代的市场势力主要来自生产控制，并逐步延伸拓展至消费控制和销售控制。在数字经济时代互联网流量为王的今天，谁能控制消费者信息，谁就能够控制整个市场。与此同时，资本也从传统时代在产业端进行控制转变为在消费端进行控制，如小米从消费出发组织生产，腾讯整合流量优势在云服务、位置服务、安全大数据、基层治理等领域进行产业互联网整合。

在互联网经济快速发展的背景下，传统企业边界不断被颠覆，以共享、共创、共生、共赢为出发点的商业生态竞争理念得到了广泛认可，阿里巴巴、腾讯、小米等互联网龙头企业也纷纷布局，打造企业生态系统。例如，腾讯一直以来坚持自下而上做产品的思维，注重用户体验，按照"以社交为圆心，通过流量＋资本向外延展"的商业逻辑发展业务，目前其商业布局已经包括即时通信、网络媒体、电子商务、互动娱乐、互联网与移动互联网增值服务等板块，未来将按照数字优先的战略，加速推动产业数字化变革。马化腾曾明确表示，"腾讯将与合作伙伴更紧密地携手，为不断涌现的应用场景寻找解决方案，成为各行各业转型升级的'数字化助手'，共建开放、创新、安全的数字生态"。

三、网络安全成为下一步的重点关切

自 2016 年 12 月国家互联网信息办公室正式发布《国家网络空间安全战略》以来，我国陆续发布了多份国家层面的信息安全战略与政策文件，系统、明确地宣布和阐述了关于网络空间发展与安全的立场和主张。目前，我国与网络安全相关的法律法规文书已有近百份，内容涉及网络安全的多个领域，已初步形成了我国信息安全法律法规框架体系和多层级的立法体系结构。在国家战略和政策文件的指导下，我国网络生态治理和信息内容安全管理不断加强，针对网络违法犯罪活动的打击力度也明显加大。总体来看，我国其他信息安全相关的法律法规均基于《国家安全法》和《网络安全法》制定，并在网络安全等级保障制度、关键信息基础设施保护制度以及数据本地化和跨境流动制度等中体现了对网络安全的重视。目前，《网络安全法》《数据安全法》《个人信息保护法》成为网络空间治理和数据保护的三驾马车：《网络安全法》负责网络空间安全整体的治理，《数据安全法》负责数据处理活动的安全与开发利用，《个人信息保护法》负责个人信息的保护。这三部法律互为补充，将推动中国信息安全和数据保护进入全新阶段。

四、数字经济国际化发展积极推进

一直以来，我国积极践行网络空间命运共同体的理念，同世界各国一道打造开放、公平、公正、非歧视的数字发展环境，开创数字合作新局面，取得了明显的效果。

一是国际影响力不断增强。近年来，我国积极参与全球数字经济治

理，在数字经济领域国际标准制定方面的话语权和影响力明显提升。2020年，我国提出《全球数据安全倡议》，并参与发布了《携手构建网络空间命运共同体行动倡议》，为维护全球数据和供应链安全、促进数字经济健康发展以及应对网络空间风险挑战提供了建设性的解决方案，也为制定数据治理领域的国际规则提供了蓝本框架，在数字经济国际化发展中贡献出了中国力量。

二是国际交流合作深化拓展。数字生态为我国企业特别是中小企业提供了拓展全球化市场的机会。2020年，我国相继签署或发布了《中国—东盟关于建立数字经济合作伙伴关系的倡议》《区域全面经济伙伴关系协定》《G20数字经济部长宣言》《中华人民共和国政府与非洲联盟关于共同推进"一带一路"建设的合作规划》等文件，在与"一带一路"沿线国家、东盟国家、G20国家以及46个非洲国家的数字经济合作方面迈出了坚实步伐，以数字化的方式在信息展示、贸易洽谈、支付交易以及税收通关等各个环节为企业或机构组织提供了沟通新渠道，在大幅降低交易成本的同时提高了交易效率。

三是数字贸易得到长足发展。近年来，我国在国际数字货物贸易、数字服务贸易和数据贸易三大方面均表现出积极的增长势头。在2020年，我国积极打造了一批数字贸易的重要载体和数字服务出口集聚区，布局建设了中关村软件园等12个国家数字服务出口基地，在数字技术落地和体制机制创新方面先行先试，辐射带动全国数字贸易蓬勃发展。其中，中国数字货物贸易发展迅猛，跨境电子商务规模位居世界前列，2020年进出口额达到1.69万亿元，同比增长31.1%。

◀◀◀ 第二节 ▶▶▶

我国数字生态建设中存在的突出问题

目前我国数字生态体系尚不完善，数字经济发展过程中还面临着数据要素流通不畅、基础设施建设不完善、数字人才供给不充足等诸多问题。此外，政府部门对数字经济的监管治理也相对落后，网络安全和国际化发展方面还有较大改进空间①。

一、相关产业要素供给不足

（一）数据流通不顺畅

受体制机制的限制以及出于保障数据安全的考虑，当前我国庞大的数据要素资源无法高效流通和开发利用，数据作为关键创新要素驱动数字经济发展的作用尚未充分发挥。现阶段，数据要素流通不顺畅主要有以下四个方面的原因：

一是数据采集难。数据采集是数据要素流通的前提任务和问题源头，但目前在数据采集来源、采集方法等方面还存在诸多问题。政府内部"数据孤

---

① 吴静，刘昌新. 健全数字生态，释放数字经济新动能［EB／OL］.（2021－05－17）［2021－08－19］. http：//finance. people. com. cn/n1/2021/0517/c1004－32104989. html.

岛"问题依旧存在,政务数据存在多头采集、数据标准不一致等问题;工业能源数据采集能力不足,数据获取存在延迟,影响了后续精准应用;个人数据被各类网站过度应用或超范围采集,如何平衡个人数据的隐私保护与合理利用仍亟待解决。二是数据确权难。数据具有可复制性和非消耗性,在很多情况下可以被不同主体同时占有,而这种不可被排他性地占有的特性导致数据难以被确权,作为互联网时代涌现的新型生产要素,数据在产权界定、配置模式等方面尚未形成共识。三是数据定价难。不同类型、不同层次和不同场景下的数据,代表着不同的利益和法律关系,清晰地界定数据财产利益、明确数据定价方法十分困难。从全国来看,至今没有能够统领政府所有部门的业务数据规则、数据标准和数据规范,缺少合理的数据资产价值评估标准、规范和方法,解决这些问题需要自上而下的立法和相应的顶层设计。四是数据流通难。数据要素化和要素市场化的过程交织叠加,使得市场化配置数据要素的数据流通过程更为复杂,由于大数据交易缺乏法律规范引导,公开、合法的数据交易渠道尚不通畅。

(二)基础设施建设不完善

要推动数字经济快速发展,需要高质量推进新型数字基础设施建设。从全国层面看,数字基础设施,尤其是 5G 基站、物联网、IPv6、人工智能、区块链等新型基础设施建设速度依然滞后于数字经济发展速度。造成这一现象的主要原因有以下三点:

一是数字基础设施建设难。当前在数字基础设施普及方面,区域间、城乡间、传统产业与新兴产业间的差距较大,部分新型基础设施建设面临着投资金额大、成本回收时间长、投资回报不确定性高等现实情况。例如,5G 基站建设成本高、运营压力大,网络运维成本压力急剧增大,给运营商带来了巨大的负担。二是数字基础设施整合难。新型数字基础设施建设主体多元，行业标准不统一，统一市场尚未形成，整合力度明显不足。总体上，新型基础设施的体系化程度低，重复建设、资源浪费现象较为突出，大数据中心、云计算中心等算力基础设施共建共享程度不足，物联网系统平台互联互通程度较低，试验创新基础设施配套能力不强。三是数字基础设施升级难。一方面，核心技术自主创新能力欠缺制约了新型数字基础设施升级，突出表现为云计算高端服务器、SaaS 服务软件、芯片等领域核心技术的自主知识产权不足，非蜂窝物联网技术发展落后等；另一方面，顶层设计缺失、配套政策标准滞后导致自动驾驶等领域新型基础设施建设速度相对缓慢。

（三）数字人才供给不充足

数字技术和数字经济业态具有更新迭代快、专业性强等特征，使得数字经济发展对人才的专业性、复合性和实用性要求较高。人才匮乏已经成为传统企业向"智造"转型的重要难点，也是传统产业迈向全球价值链中高端的一大障碍，影响着产业链竞争力的提升和产业链的稳定性。具体来看，高端技能型人才和跨界复合型人才资源缺口较大，特别是既精通信息化又懂生产制造、既懂工业又懂互联网的复合型人才结构性短缺，而高端人才和复合型人才的结构性短缺正日益成为制约我国数字经济创新发展的重要瓶颈。

二、政府监管明显落后于数字经济发展

（一）监管治理理念有待改进

制度创新是培育壮大数字经济的根本保障，是激发市场活力、拓展创

新空间的助推器。当下部分制度法规及监管理念相对落后，已经束缚了经济创新的步伐。例如，基于互联网平台开展服务的网约车、共享民宿、共享物流等新业态新模式，拥有完整的数据链条，可以有效用以追溯用户信息、预测行程及分析行动轨迹，疫情期间本应在联防联控中发挥支撑决策作用，但一些地方却因为政府能力不足而无法处理企业的海量数据，也无法对算法进行有效监管，对新业态采取了区别对待的监管措施，影响了疫情防控大局。在传统经济时代，政府的权力体现在信息资源的配置、规则的制定和监管执法等方面，但在当前的数字经济发展阶段，政府对平台类企业用户进行直接监管需要水平较高的技术手段和相应的物力人力，监管成本极高。随着平台经济的快速发展，平台运营方越来越有能力承担传统意义上市场监管部门对第三方参与者的监管和治理义务，政府也应开始考虑优化其监管治理理念，引入平台力量参与数字经济治理①。

此外，数字时代计划经济的论调也需要警惕。虽然数字技术在获取信息、制定规划等方面赋予了政府强大的能力，但是由于数字技术与商业模式的创新存在高度不确定性和颠覆性，因此难以预测何种技术会成为主导技术、何时成熟、何时能够产业化，会以何种商业模式出现，又会有哪些企业能够变现。应对这种巨大的不确定性，就要使市场主体具有多样性，由大量的沿着各个发展方向的市场主体进行试错，探索出技术正确、道路正确的商业模式。因此，对于数字经济而言，不仅计划经济不能够代表市场，而且不当的产业政策干预还可能造成不可避免的损失。

由于针对平台经济等新业态的监管治理体系不健全，因此一系列问题

---

① 潘定，谢蔼.数字经济下政府监管与电商企业"杀熟"行为的演化博弈［J］.经济与管理，2021，35（1）：77-84.

相继涌现。一是不规范经营问题凸显。由于准入门槛低，经营者良莠不齐，网络售假等不规范经营现象时有发生，《电子商务法》等需要后续更完善的司法解释补充。二是不正当竞争隐患浮现。在电子商务、网络租约车、移动支付等领域，超大型互联网平台占据强势地位，存在强制商家进行"二选一"等行为，引发了人们对垄断和不正当竞争的忧虑。三是数据保护风险加大。互联网平台汇聚海量用户数据，数据价值不断提升，用户个人信息泄露和非法利用、数据非法跨境流动等风险不断增大，《网络安全法》数据保护领域部分细则仍有待出台。四是由于缺乏相关法律法规标准支持，一些前沿数字技术发展受到较大限制，如自动驾驶道路测试的法律法规标准不健全影响了该新技术加快产业化的进程。以上问题的解决不仅需要政府调整监管方式与模式，而且需要及时科学地建立与之相适应的法律法规体系。

（二）执法分析框架有待完善

当前，数字平台反垄断的执法规则、执法工具、执法过程与执法结果都相对滞后于数字平台的发展步伐。这可能会引致大型平台以资本逐利取代研发创新，还可能挤压中小型平台的盈利与创新空间，甚至影响反垄断执法机构的权威与全社会的福利。

从执法规则看，由于平台创新周期很短，所涉企业量大面广，领先平台的主导地位更迭快，竞争格局具有极强的动态性，高市场份额、高市场集中度甚至是寡占的市场格局常常是短暂的，因此忽视竞争效应而对大型数字平台强行执法，其短期利好难以抵消长期损害，导致反垄断执法具有"短视"倾向。

从执法工具看，静态、单边的分析工具难以适应动态、多边的数字平台市场。一方面，平台常常展开"跨界竞争"，即一个平台同时经营不同的业务。跨界竞争模糊了竞争对手的身份，也模糊了竞争市场的边界，给相关市场界定和垄断损害认定造成了困难，令反垄断调查过程明显滞后，导致"管得太慢"。另一方面，单边市场的产品定价应等于边际成本，但数字平台天然地存在网络外部性，往往对对价格更敏感的一边免费或给予补贴，而对对价格不太敏感的一边收取高价，"倾斜式定价"是平台的积极竞争策略，若采用传统工具"一刀切"，则很可能误伤数字平台的合理商业行为，阻碍平台正常经营，导致"管得太死"。

从执法过程看，目前反垄断执法透明度有待提高。对一般性数字平台而言，反垄断执法缺乏透明度会阻碍平台对生产、定价、分销、并购等行为的法律后果做出合理预期，导致平台不敢大胆探索。对具有垄断势力的数字平台而言，缺乏透明度可能诱发权力寻租，促使平台将高额利润用于公关游说，通过拖延反垄断审查窗口期持续获取垄断利润。对反垄断执法机构而言，缺乏透明度很可能导致其被少数利益集团俘获，诱发"同案不同判"、执法烂尾、执法缺位等问题，削弱反垄断执法的权威性。

从执法结果看，数字平台反垄断的民事诉讼案件诉期长、举证难、胜诉少，反垄断执法的速度与覆盖面也相对滞后于数字平台的发展。例如，备受关注的京东诉阿里巴巴"二选一"案从举报到进入实质性审判历时接近 4 年，仅管辖权之争就在北京和杭州拉锯多时。此外，对抗市场垄断行为只能作为私益诉讼提起，这导致消费者和小企业往往在证据收集和诉讼方面面临较大负担，举证阻力大也是反垄断调查难以推进的原因之一。

三、网络安全保护能力亟待提升

近年来，各国在网络安全领域的国家层面投入强势增长，全球网络安全产业规模持续扩大。但与此同时，网络安全的威胁也在日益增大，数据泄露事件依然频繁出现，针对关键信息基础设施的攻击也时有发生，严重威胁着数字经济生态的正常运行。从法律体系方面看，我国信息安全战略、政策与法律已经比较完备，但是与国家网络空间安全战略相配套的网络安全综合政策略显不足，《网络安全法》与其他现行法律在具体表述和协调衔接等方面仍有待进一步调整与完善。此外，网络安全领域的人才缺口仍旧较大，(ISC)^2《2020年网络安全人力研究报告》提供的数据也显示，目前全球网络安全从业人员为350万人，而劳动力缺口达312万人，需要增长89%才能填补人才缺口。此外，在数据安全方面，我国一直以来高度重视数据开放和数字产业发展，数据开放水平也稳步提升，但这一过程中必然伴随着数据安全和隐私保护等问题，未来数字经济更要注重平衡发展，兼顾数据安全保护和产业发展创新。

四、数字经济国际化发展有待深化

(一) 数字经济国际化发展能力不足

数字经济国际化发展能够给经济发展注入新动力，并为国家间合作提供新契机。目前，我国数字经济产业在数字技术硬件领域国际化程度相对较高，但是在数字经济软件及服务领域国际化程度有待提升，突出表现为数字经济企业本身的国际化能力不强，适应不同国家法律、税收、财务体系的能力存在明显短板，等等。与此同时，数字经济是全球主要的新兴增长点，世界各国对把握本国数字经济产业发展的主动权均高度重视，对数字经济的对外开放与其他领域的对外开放往往区别对待。因此，数字经济的发展环境高度复杂，这对我国数字经济企业的国际化能力提出了更高的要求。

（二）治理标准不统一阻碍国际交流

当前，世界各国对数字企业在垄断认定、税收、隐私数据保护等方面均未达成统一标准，国内外的标准差异严重制约了我国数字经济企业"走出去"。一是垄断认定标准不统一。在数字经济时代，垄断会更加容易产生，现行的各种关于垄断行为的规定、对相关市场的界定、对市场支配地位的认定等均难以适应互联网与数字经济的发展趋势，而各个国家在此领域的规则也各有不同。二是税收政策标准不统一。目前，各国和地区关于数字经济纳税主体认定、纳税方式及规模的标准差异较大。例如，法国、英国等国家试图以单边行动对互联网企业开征数字税，而美国作为拥有全球最多互联网企业的国家一直坚决反对。国际税收政策从严可能会加大数字经济企业"走出去"的风险，降低企业利润，影响我国数字经济企业的海外发展。三是个人隐私保护标准不统一。数据产生、收集、存储、加工、使用涉及不同的主体，既有个人、企业，也有政府。目前，数据权属的规范尚不明晰，数据的流转存在困难。国内的内容类、社交类产品常常通过收集用户数据以驱动算法向用户推送信息，这极容易侵犯用户信息隐私权，遭受监管与罚款。2018 年欧盟《通用数据保护条例》（GDPR）出台后，涉及收集、存储或使用有关欧洲居民个人信息的企业受到较大影响，不少计划"走出去"的数字经济企业也望而却步。

（三）地缘政治风险限制国际化步伐

当前数字经济已经成为世界所有主要国家竞争的焦点。这一领域既是各个国家加快实现自主发展的重点领域，又是关系各国国家安全的重点领域。因此，这一领域的国际化发展越来越容易受到地缘政治风险的影响。近年来，随着地缘政治事件的频频发生，我国数字经济企业在海外利益受损事件不断增多，地缘政治风险对我国数字经济领域企业"走出去"的影响日益突出。

◀◀◀ 第三节 ▶▶▶

我国数字生态建设中面临的风险和挑战

我国数字经济在快速发展的同时，也面临一系列风险和挑战，其中，市场垄断、就业问题以及国际竞争日趋白热化等挑战尤为突出。

一、市场分化必将进一步扩大

大型数字平台以追逐资本取代研发创新，直接导致中小型数字平台的盈利空间、创新潜力受到挤压。我国个体工商户数量众多，但大多数规模较小，在市场竞争中通常处于弱势地位。因此，中小型数字平台更容易遭遇挤压从而被迫退出市场，而非因效率低下而自然淘汰。此外，针对初创企业的并购越来越多，即大型平台收购刚刚成立但在未来可能会对其产生竞争威胁的企业。这种掐尖并购一方面使初创企业获得了大型平台的资源，有利于其研发创新，但另一方面也限制了初创企业原本可以凭借自身实力展开的颠覆式创新，可能兼具反竞争效果，需要反垄断机构谨慎辨析。

此外，数字平台资本无序扩张的负外部性还将转嫁给全社会。例如，外卖平台"二选一"与"高抽成"等行为不仅导致外卖价格上涨，损害消费者利益，还会压缩餐饮企业利润，甚至迫使外卖骑手为了抢单而忽视交通安全。电商平台依赖海量用户数据获客，助推滥用用户数据，侵犯用户隐私权。互联网金融平台利用数据优势创造大规模消费贷，致使大量贷款流向偿债能力低的学生与低收入群体，造成逃贷、暴力催收事件频发，严重损害社会稳定。

专栏 6 - 1

外卖平台的"高抽成"

全国工商联向全国政协报送的《关于加强餐饮外卖平台反垄断监管 协调降低佣金的提案》中指出，平台合理的抽成区间是 $10\%\sim15\%$，超过此区间将使得餐饮企业很难盈利。但是，美团和饿了么对大型连锁店的抽成高达订单额的 $15\%\sim18\%$，对小企业甚至达到 $18\%\sim20\%$。此外，"高抽成"也与平台"二选一"相互倚仗。美团、饿了么通过"二选一"锁定餐饮企业，餐饮企业继而必须接受不断提高的抽成，持续被平台压榨。"高抽成"为外卖平台带来了高收益，但高收益并未明显驱动研发创新，而是激化了资本逐利。以美团为例，截至 2020 年 9 月 30 日，其经营利润由上年同期的 3.31 亿元增长至 7.68 亿元，经营利润率由 2.1% 提升至 3.7%。但是，美团的高额收入并未都用于创新运营模式、改善骑手福利，而是涌入社区团购。社区团购本质上并不是新模式、新业态，而是旨在短期内推高平台股价，让利益相关者通过股票套现获利。非理性的平台逐利严重挤压了线下商超、菜市场的生存空间，形成了资本无序扩张的局面。

二、新业态下就业问题愈加突出

（一）新业态劳动者权益保障问题

数字经济时代，互联网改变了企业的商业模式，以网约车、外卖等为代表的平台经济蓬勃发展，平台灵活用工的模式又衍生出了新就业形态以及大量网约车司机、外卖骑手等新业态劳动者，吸纳了大量人员就业。但也应看到，新业态下劳动关系更加复杂，相伴而生的劳动者权益保障问题也逐渐凸显。

当前，网约车司机、外卖骑手等新业态从业人员的劳动过程呈现出以体力劳动为主、职业风险高、议价能力弱、职业安全保障缺失、职业风险分担能力堪忧等特点，其背后的原因主要有以下三点：一是用工契约不平等。平台灵活用工，依据民事契约来确定权利义务关系，不受《劳动法》的强制性规范，而平台运营公司借助其对相关信息及技术手段的掌握权，在与骑手的用工关系中处于强势支配地位。二是职业伤害保障难。由于新型就业劳动关系复杂且不稳定，劳动合同签约率和五险一金等参保率低，从业人员职业伤害保障全覆盖远未实现。三是个体维权难。新业态发展相对迅速，目前尚未形成协会和工会组织为新就业形态的劳动者提供维权服务，更没有规范的渠道表达该群体的利益诉求。

（二）数字化转型带来失业问题

传统产业数字化转型必将使得大量工作岗位被自动化技术替代，尤其是制造业与数字经济的深度融合将加剧就业岗位的流失。随着以机器换人为主要方式的智能化生产技术改造加速普及，从事程式化工作的中低技能劳动力已经被部分代替。数字经济的发展一定程度上弱化了中低学历劳动力的议价能力，特别是在经济下行压力加大的背景下，低学历人群应对风险的能力较弱，更容易受到冲击。而与此同时，新兴行业的就业供需矛盾仍然存在，新的用人需求往往对技术等级或职称有明确要求。总的来看，数字化转型给劳动力市场带来了较大负面冲击。

三、数字经济领域的国际竞争日益白热化

在发展规则方面，数字经济时代大国博弈长期存在，大国对国际权力的争夺已经突破了原有的地缘政治和意识形态等传统思维，向数字经济等经济领域的新国际规则制定权迈进。随着数字经济成为未来发展的主流趋势和财富的主要来源，网络技术迭代加速、技术垄断和跨越式竞争频发，技术标准制定权与产业发展规则的竞争日益成为主要国家竞争的重点。

在国际竞争方面，数字规则的制定最终会直接影响到我国企业的国际化发展，同时也会影响到国外互联网企业在中国的发展。也就是说，企业的国际化竞争已经可以追溯到政府治理层面。在产业发展初期，各国企业会遵循本国政策规则发展壮大，但是互联网公司从弱监管的区域进入强监管的区域时会面临极高的进入门槛，而来自监管规则更严格的国家的企业进入弱监管国家时面临的进入成本相对较低，从而会出现进入壁垒不对称的状况。

在产业布局方面，随着全球产业格局重构，国际分工体系全面调整，产业链安全问题进入加速凸显期。传统数字经济的全球分工格局正在被打破。由于部分关键工业品依赖进口且进口来源地相对集中，我国一批重要产业链的安全性已经在短期内面临相当大的隐患，如以华为为代表的领先企业正遭受着美国严厉的技术限制和抑制。增强关键环节、关键领域、关

键产品的保障能力，解决"卡脖子"问题，成为当今时代维护发展安全稳定的大事。

◀◀◀ 第四节 ▶▶▶

健全我国数字生态体系的政策建议

构建更加开放、高效、健康的数字生态体系应坚持问题导向，以推动数据要素价值化、深化数字治理、完善规则制定、强化网络安全与推动国际化发展等作为建设思路，加速释放融合发展潜能，探索数字经济创新发展新思路、新模式、新路径，支撑我国在数字经济领域发展再上新台阶，持续保持引领能力。

一、加速推进数据要素价值化进程

充分释放数据要素活力，完善数据要素资源体系，进一步激发数据价值，提升数据要素的赋能作用，提高数据要素配置效率。

一方面，推动数据资源化、要素化转化，特别是形成统一规范的数据管理制度与数据跨区域流通配置机制，以及实现数据资源确权、流通、交易和机制化运营的标准流程，推进全社会数据要素资源高效汇聚、有序流通和深度开发利用。与此同时，广泛推动社会数据资源价值提升，特别是打造农业、工业、交通、教育、安防、城市管理、公共资源交易等领域规范化数据开发利用场景，实现人工智能、可穿戴设备、车联网、物联网等领域数据采集标准化。另一方面，统筹推进算力、算法、数据、应用资源协同的全国一体化大数据中心建设。重点推动一体化算力服务，强化算力统筹智能调度，提升通用云计算服务能力，建设面向特定场景的边缘计算能力，建立多层次、体系化的算力供给体系。积极推进云网协同和算网融合发展，满足在云、网、边之间实现按需分配和灵活调度计算资源、存储资源等需求。

二、多措并举引导数字经济健康发展

(一) 营造规范有序的政策环境

健全法律法规，制定并完善适应数字经济新技术新业态新产业发展的政策法规。实施包容审慎监管，深化"放管服"改革，推动事前监管向事中事后监管转变，充分利用大数据，推进政府决策科学化、社会治理精准化、公共服务高效化。

针对平台经济这一规模最大、影响力最大的新业态新模式，完善反垄断体系刻不容缓。一是重视典型案件的引领作用，及时查处严重损害公平竞争和消费者权益的典型案件，增强反垄断执法的威慑力，降低大型数字平台的机会主义倾向，引导大型数字平台从追逐资本回归到研发创新。二是不断推动数字平台反垄断执法的理念创新和工具创新，更加重视开发动态性指标，避免从宽松监管的极端走向过度监管的另一个极端。三是突出类型化，增强反垄断执法的精准度和可操作性，根据不同的平台业务与垄断行为类型精准施策。四是探索数字平台内外协同的治理格局，接受全社会的共同监督，提高执法透明度。其中，内部治理包括平台自治、消费者反馈与商家举证，外部监督包括政府执法、社会组织协助与公众监督。

（二）夯实数字经济产业发展基础

产业生态体系是数字经济的最小单元，是核心技术攻关突破的立足点，更是构建多维度、全方位数字生态的重要抓手。夯实产业发展基础是加快推进数字经济健康发展的重要保障。

一是构建产业体系。数字经济的发展需要源源不断的产业创新予以支撑。一方面，面向高端芯片、人工智能、机器人、传感器、区块链等领域的需求，创建一批国家级产业与工艺创新平台，搭建制造业数字化转型通用技术支撑平台，促进产业创新持续涌现；另一方面，加快数字经济孵化器、众创空间、加速器等中小企业公共服务平台建设，加大对创新创业的扶持力度，加强区域型、行业型、企业型数字化转型促进中心等公共服务能力建设，打造一批智能化、专业化生产性服务平台。

二是加强后备保障。一方面，加大知识产权保护力度，调动企业研发积极性，使得企业敢于投入研发；完善知识产权相关立法，尤其要着力于政策的落实与执行。另一方面，强化资金监管。在以往宽松的金融监管环境下，资本天生的逐利性和平台双边网络效应追求大规模流量的特质导致金融平台经营者更为注重规模的快速扩张，容易忽视风险控制问题，进而引发系统性金融风险，因此需要充分利用先进技术提升金融监管水平，避免资本无序扩张。

（三）构建多方参与的数字生态系统

一方面，注重数字子系统间桥梁的搭建，实现企业内部信息共享、政府内部协同服务以及政企之间沟通提速，从而提升系统整体运行效率。以企业为主体、以高校为依托、以政府为支持者，深化校企合作，加快构建产学研联盟，以提升科技成果转化率。加快整合国内产业链，优化企业分工，打造大规模的数字经济产业集群。在企业分工方面，政府应引导和督促企业立足自身特点，做大做强各自优势领域，错位发展，使其彼此之间形成协同效应。此外，充分发挥有潜力有能力的省（区、市）在相关基础产业的比较优势，进一步支撑产业链发展。

另一方面，进一步推进数字经济同实体经济深度融合。如在制造业方面，可以通过深入实施智能制造战略，推动企业在资源分配、制造执行、供应链管理、仓储物流管理等环节深化数字技术融合应用，开展工业大数据采集、处理、汇聚、利用，带动产业链上下游企业加快数字化转型，进而促进产业链整体协同，最终实现制造品质与生产效率的提升。在服务业方面，可以支持消费品产业链上下游信息互通，汇集生产、销售、管理数据，深度挖掘分析市场需求，利用大数据分析辅助产品定位、产品设计、质量提升、精准营销、定制服务，提升消费品品质。

三、加快提升我国网络空间安全能力

（一）全面提升网络安全攻防水平

工信部于 2019 年发布的《关于促进网络安全产业发展的指导意见（征求意见稿）》明确指出，"网络安全的本质是技术对抗，保障网络安全离不开网络安全技术和产业的有力支撑"，充分强调了网络攻防能力的重要性，并提出应更加重视网络与数据安全，加大网络安全投入力度，保护网络正常运行、免受攻击。随着数字经济规模的不断扩张，受到外部攻击的可能性显著增加，网络安全是数字经济的基本保障。下一步需要加强信息保护技术的研发和应用，加快建设和完善基础网络、数据中心、云、数据、应用等一体协同的安全保障体系，建立健全相关安全保障机制。积极开展通信网络安全防护建设，进一步研究完善海量数据汇聚融合后的风险识别和防护技术，创新优化数据脱敏技术、数据安全合规性评估认证、数据加密保护机制等相关技术监测手段，打造数字生态系统的安全保障体系，从而维护数字生态系统的正常运行。

（二）确保安全基础设施同步发展

进一步强化安全保障，统筹推进网络与信息安全技术手段建设，全面提升关键信息基础设施、网络数据、个人信息等方面的安全保障能力。推进网络安全监测和安全防御能力建设，加快提升防范化解重大网络安全风险的能力和重大科技基础设施网络安全态势感知与智能防御能力。同时，强化跨领域、跨部门协作和政企合作，健全网络安全联防联控机制，做好网络安全审查工作，全面提升关键信息基础设施的安全防护水平，提升5G核心网、网络枢纽、数据中心、骨干光缆等新型基础设施的可靠性保障水平，加强网络、计算、存储等资源的冗余配置，提升资源弹性扩展能力。

四、引导支持数字经济全面开放合作

（一）积极融入国际数字经济产业体系

当前，数字经济已成为全球经济的重要增长点，更日益成为全球合作的契合点。在此背景下，我国应积极探索数字经济合作新模式，强化国际布局，推动开放合作，促进数据等各类创新生产要素在国家间高效流动，加快推动数字贸易布局发展。

一是大力推动资金流、人流、物流、信息流等创新要素高效有序流动。在保障国内用户需求和数据安全的前提下，进一步放宽数字经济相关领域外资市场准入限制，鼓励符合条件的境外企业提供数字内容增值等数字经济服务，深化与数字经济领域前沿国家的科技交流合作。二是加强数字经济领域的国际合作。积极加强与"一带一路"沿线国家数字基础设施互联互通，鼓励相关省（区、市）与对应友好城市加强在信息基础设施、智慧城市、电子商务、远程医疗、"互联网＋"、人工智能、物联网等领域的深度合作，如进一步深化移动支付、法定数字货币等金融科技基础设施的国际合作，推动中欧班列等国际运输通道信息化升级等。

（二）主动参与数字经济国际规则制定

面对世界各方在数字经济治理方面的争议，我国作为数字经济规模最大的国家之一，要抓住历史发展新机遇，积极参与并主动影响数字贸易国际规则的构建，扩大在国际竞争中的话语权。

建议着力发挥新型国际组织的作用，构建数字经济国际治理新机制。充分发挥重要的新型国际论坛、国际组织的议事作用，利用平台组织、倡议、推动数字经济治理规则的制定。从我国的优势出发，从存在潜在拓展空间的国家的发展现实出发，尽快在外资准入、数字税收、数据本地化、数据使用便利化等重点方面提出有利于发展中国家共同发展的新方案，联合有共同诉求的国家加快推动标准普及，从而在国际治理体系成型前为中国数字经济全球化发展争取发展空间。例如，充分发挥"一带一路"等国际合作新平台的带动作用，将数字经济治理融入"一带一路"建设中，借助"一带一路"建设激活从东亚到欧洲沿线区域的网络基础设施建设，推动沿线数字贸易发展，构建沿线国家网络空间命运共同体。

（三）注重国内规则与国际规则的协同

当前数字经济治理的国内规则与国际规则均存在较大不确定性，也存在较大相互交叉的领域，我国还需注意国内规则与国际规则的协同，重点在两方面：一方面，注重数据安全治理规则的国际协同。我国要建立以确保数据安全为核心的数字经济治理体系，建立关于数据开放、数据资产管理、数据安全保护和数据共享交易安全等的治理规则，力争使自身规则与国际规则在理念和做法上接轨。另一方面，注重数字贸易治理规则的国际协同。目前，有的数字贸易内容已具有成熟的治理规则，对于已有的、成熟的国际规则，要积极适应，不断修订和完善自身治理规则，努力实现国内规则与国际规则的协同；有的数字贸易内容治理规则尚不健全，如在应用基础设施、互联网融合服务等领域，治理的规则体系尚未形成，针对这些领域，则应尽早谋划，在借鉴已有经验的基础上提出中国方案、设计中国规则[①]。

---

① 董莹楠，杜庆昊. 积极参与数字经济国际规则制定 ［EB/OL］. （2020 - 05 - 15）［2021 - 08 - 19］. http：//www. qstheory. cn/llwx/2020 - 05/15/c _ 1125987835. htm.

第七章

总结与展望

本书的前六章分别从数字技术创新、数字产业化、产业数字化、数字社会建设、数字政府建设以及数字生态建设等角度对现代化新征程中的中国特色数字经济体系进行了解读，本章对前六章的内容进行总结和提炼，综合梳理我国数字经济发展的基本经验、存在的问题以及面临的挑战，提出有针对性的政策建议。

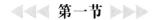

第一节
我国数字经济发展现状与基本经验

一、我国数字经济发展现状[①]

（一）数字产业化稳步发展

2019 年，我国数字产业化向高质量发展进一步迈进，行业实力不断增强，增加值规模达到 7.1 亿元，同比增长 10.54%[②]。一是信息基础设施建设取得跨越式发展。当前，我国已经建成了全球规模最大的光纤网络、4G 网络，5G 网络也已全面启动部署，行政村通 4G 及光纤网络的比例超过

---

① 本部分根据笔者 2021 年发表在《国家治理》周刊上的文章《我国数字经济发展的主要特点和突出优势》改写。李三希. 我国数字经济发展的主要特点和突出优势 [J]. 国家治理，2021（18）：3-7.

② 中国信通院. 中国数字经济发展白皮书（2020 年）[R/OL].（2020-07-03）[2021-04-19]. http：//www.caict.ac.cn/kxyj/qwfb/bps/202007/P020200703318256637020.pdf.

98％，固定网络和 LTE 网络 IPv6 改造也已全面完成。在数据基础设施建设方面，近年来，新一代云计算平台加速构建，正逐步向规模化、大型化发展，全国一体化大数据中心加快建设，多方向大容量的国际传输网络架构也已基本形成，为数字经济新兴业态和融合应用提供了强大的支撑保障，有力地支持了数字产业化的高质量发展。二是数字化消费新业态新模式加快形成。在抗击新冠疫情期间，数字技术和数字服务发挥了重要作用，显示出更为广阔的应用前景、更加强劲的增长动力，消费者的在线消费习惯也得到了进一步培养，重量级消费新形态正在加快创造。其中，远程办公、在线教育、智慧医疗、电子政务等各类线上服务在疫情期间实现了爆发式增长，数字经济的优势进一步凸显出来。此外，在 5G 等新兴数字技术支持下，数字传媒、智能家居等新型数字产业也正迎来快速发展。

(二) 产业数字化进程提速

2019 年，我国产业数字化领域增加值约为 28.8 万亿元，占当年 GDP 的比重达 29％，在数字经济中的主引擎地位更加突出，已经发展成为推动我国数字经济发展的主导力量[①]。一是数字技术创新助推产业转型升级。近年来，我国在人工智能、深度学习、大数据与云计算等前沿数字技术领域的研发取得了较大进展，新一代信息技术为数字经济的发展壮大提供了良好支撑，对带动产业数字化转型和完善数字经济产业链具有重要作用。当前，制造业企业的数字化基础能力稳步提升，智能化、自动化水平不断

---

① 中国信通院. 中国数字经济发展白皮书（2020 年）[R/OL]. （2020 - 07 - 03）[2021 - 04 - 19]. http：//www.caict.ac.cn/kxyj/qwfb/bps/202007/P020200703318256637020.pdf.

提高，制造业正日益成为数字经济的主战场。二是数字经济融合发展取得重要进展。近年来，我国数字经济同实体经济的融合范围不断拓展，融合程度也在不断提高。例如，工业互联网的创新发展带动形成了智能制造、个性定制、网络协同、数字管理等新业态新模式，推动数字经济进一步向实体经济中的更多行业、更多场景延伸。

（三）数字化治理成效显著

近年来，党中央、国务院高度重视数字化治理，大力推进数字政府建设并取得了积极成果。当前，我国国家治理现代化能力建设取得关键进展，各地各级政府机构政务服务线上化推进速度明显提升，"掌上办""一网通办"等电子政务平台加速上线，一体化政务服务平台服务能力显著增强，跨地区、跨部门、跨层级业务办理能力以及快速响应能力也在持续提升。截至 2020 年 12 月，我国互联网政务服务用户规模达 8.43 亿人，占到全国网民总数的 85.2%。我国电子政务发展指数全球排名从 2018 年的第 65 位提升至第 45 位，创下历史新高，达到全球电子政务发展"非常高"的水平，其中在线服务指数由全球第 34 位快速提升至第 9 位，迈入全球领先行列①。随着数字技术与传统产业加速融合，我国的国家治理体系也向着更高层级加速迈进。从治理方式来看，数字经济强有力地推动了国家治理由个人判断、经验主义的模糊治理转变为细致精准、数据驱动的数字化、标准化、规范化治理。与此同时，大数据、云计算等先进数字技术同传统公共服务的融合应用更是增强了治理体系的态势感知、科学决策、风险防范以及应急响应能力，有力地支撑了数字化公共服务均等化进程的加

---

① 中国互联网络信息中心，第 47 次中国互联网络发展状况统计报告［R/OL］. （2021 - 02 - 03）［2021 - 08 - 19］. http://www.cac.gov.cn/2021 - 02/03/c_1613923423079314.htm.

速推进。

（四）数据价值化加速推进

当前，我国政府高度重视数字经济发展中数据的重要作用，先后出台了一系列政策文件，加快打造"市场有效、政府有为、企业有利、个人有益"的数据要素市场化配置机制。2020年4月9日，中共中央、国务院发布《关于构建更加完善的要素市场化配置体制机制的意见》，明确提出要加快数据要素市场培育，标志着数据与土地、劳动力、资本、技术等要素一起，融入了我国经济价值创造体系，成为数字经济时代的基础性战略性资源和重要生产力。2021年1月31日，中共中央办公厅、国务院办公厅进一步推出了《建设高标准市场体系行动方案》，明确提出要加快培育发展数据要素市场，加快建立数据资源产权、交易流通、跨境传输和安全等基础制度和标准规范，推动数据资源开发利用。中共中央高度重视并明确确认了数据要素的经济价值，为中国数字经济发展驶入快车道奠定了基础。

在党中央政策的引导下，各地方纷纷将政策着力点放在促进数据流通交易上，并高度重视本地的大数据交易平台建设。例如，2015年，贵阳大数据交易所正式挂牌运营并完成了首批大数据交易；此后，北京、上海、深圳也先后探索建立了北京国际大数据交易所、上海数据交易中心和上海市大数据中心、粤港澳大湾区大数据中心等数据交易中心，依托现有交易场所陆续开展数据交易。

二、我国发展数字经济的基本经验

中国数字经济发展到今天，取得的成就举世瞩目，规模稳居全球第二。来自美国和中国的互联网公司牢牢占据了全球市场的前十名，不论是欧盟、日韩，还是印度，都缺乏具有竞争力的互联网公司。那么，中国数字经济快速发展到底有什么经验？总结起来，我们认为有以下三点。

首先，充分发挥了市场在资源配置中的决定性作用，让中国企业家的才能得到了最大限度的施展。改革开放以来，党和政府高度重视市场配置资源的作用，企业家和企业家精神受到充分尊重。在良好的氛围中，在政策的大力支持下，中国的企业家们充分施展自己的才能，发挥本土竞争优势，在社交、电商、网约车等领域面临国外互联网巨头的挑战与激烈竞争时，成功胜出。

其次，政府在数字经济基础设施的建设中发挥了关键性作用。数字经济中虚拟网络的构建离不开光缆、移动通信等信息基础设施的完善，数字经济中最重要的物流环节也离不开铁路、公路、水路等交通基础设施的完善。这些基础设施投资大、周期长，基本上由政府来提供。中国政府过去几十年在基础设施上的建设成就有目共睹，促进了数字经济的繁荣发展。

最后，政府在数字经济方面一直采取包容审慎的监管政策。数字经济产生了大量的新业态、新模式和新产业，同时伴随着许多新问题。中国政府在过去二十多年里，在面对新事物时，一直采取包容审慎的态度，给市场留出了足够的时间和空间，促进了大型数字企业的发育成长。相比而言，欧盟对数字企业一直采取强监管措施，从而一直无法孕育出具有国际竞争力的数字企业。当然，包容审慎并不意味着不管，在今天，数字经济带来的一些问题对经济社会的影响已经无法忽视，因此引导数字经济健康有序发展将会是未来监管政策的重点。

◄◄◄ 第二节 ►►►

我国发展数字经济的优势与挑战

一、我国发展数字经济的主要优势[①]

在发展数字经济方面，我国有以下五点突出优势。

（一）优越的制度优势

一是有助于推动我国新型基础设施加快建设。中国的制度优势使得政府能够在数字经济基础设施的建设上大有作为。新型基础设施建设具有规模大、涉及产业广、所需投资大等特点，高昂的建设成本必然需要企业和民间资本的参与支持。我国独有的集中力量办大事的制度优势，有助于组织好各类资本力量参与新型基础设施建设，对于促进新型基础设施建设高质量发展、为数字经济生态体系的发展完善奠定基础，具有重大的现实意义和战略意义。二是有助于形成包容宽松的政策法规体系。当前，政府、企业、居民对发展数字经济的认识进一步得到统一，从中央到地方的自上

---

① 本部分根据笔者 2021 年发表在《国家治理》周刊上的文章《我国数字经济发展的主要特点和突出优势》改写。李三希. 我国数字经济发展的主要特点和突出优势 [J] . 国家治理，2021 (18)：3－7.

而下的政策部署为数字经济的发展营造了良好的政策环境，将助力数字经济新产业、新业态和新模式所蕴藏的巨大潜力和强大动能不断释放。在过去几十年里，中国政府对数字经济一直持包容宽松的监管态度，并在国家战略高度重视发展数字经济。近年来，随着促进消费扩容提质、推进"上云用数赋智"行动、数字化转型伙伴行动（2020）、支持新业态新模式健康发展等政策和行动相继推出，我国数字经济快速发展的制度优势日益凸显。

（二）广阔的市场空间

一是市场规模优势。数字经济的典型特征是具有网络外部性，市场规模越大，越有利于海量数据的产生，也就越有利于数字经济的发展。我国有拥有 14 亿人口的强大内需市场，网民规模巨大，截至 2020 年 12 月，我国网民规模达 9.89 亿人，互联网普及率已经达到 70.4%。强大的国内市场更有利于数字经济充分发挥降低市场交易成本和协调成本的能力，促进有效分工，从而显著提升市场效率。二是消费者群体优势。我国拥有独特的数字消费者群体，消费者数量庞大，各类数字产品的应用渗透率都处在世界前列，数字消费者指数更是排名全球第一。其中，庞大的消费者群体促使各个数字经济企业不断拓展新场景、开发新产品，以满足消费者独特且多变的需求。当前，越来越多的中国互联网公司开始采用独特的生态战略，全场景与消费者沟通，使用社会化的方式完成更多新产品新服务的生产和提供。三是消费变革优势。当前，我国拥有 4 亿中产消费人口，消费升级需求强劲，是少数拥有一、二、三、四、五线城市的国家，为数字经济发展提供了多样化的应用场景，有助于降低企业创新创业的试错成本。在大数据、人工智能等领域，数字经济有条件依托海量数字化消费者的独特场景实现快速发展。此外，中国仍有部分产业的成熟度较低，人民日益增长的美好生活需求难以被传统行业满足，数字经济将提供更具创造性的解决方案，直击消费者痛点，在将来有望依托消费改革优势实现跨越式发展。

（三）领先的平台企业

一是市场主体优势。近年来，中国在电子商务、移动支付、共享经济等数字经济核心领域已经培养出了一大批走在世界前列的数字平台企业，国内在阿里巴巴、腾讯、华为、百度等龙头企业带动引领下，依托相关平台集聚了一批中小企业，深耕场景，不断迭代平台力量，并在市场力量和政府联盟等组织推动下获得了人才、金融、新型基础设施、制度等多要素的支撑，形成了一个大的数字产业生态，对传统产业转型升级产生了积极影响。此外，全球领先的龙头企业能够充分发挥国际话语权优势，在国际合作中深化对外经贸投资合作与技术交流，通过参与电子商务、移动支付、数字内容等领域国际规则的制定，为中国更多的数字经济企业"走出去"奠定良好的规则基础。二是协调配置优势。在数字经济时代，我国的互联网平台正逐渐成为协调和配置资源的基本经济组织，成为我国商业发展的重要加速器。众多平台企业通过打造共建共赢的生态系统，推动了整个社会的数字化，为中小微企业提供可负担的、世界级的数字基础设施，促使更多有利资源实现高效化集聚，从而让整个社会信息成本大幅度下降，更让更大范围的广泛协同成为可能。一方面，数字经济能够依托平台的组织降低信息不对称程度，减少生产要素冗余投入或闲置造成的浪费；另一方面，互联网平台能够通过技术和模式创新打破各类要素投入生产的时间和空间约束，扩大有效生产要素的资源供给。

（四）完整的工业体系

一是产业优势。我国已成为制造业大国，是全球唯一拥有联合国产业分类中全部工业门类的国家，拥有世界上最完备的工业体系，在工业互联网快速发展的今天将带来更多的数据红利。例如，由于我国拥有完整的产业链，当前世界上多数电子产品都在我国生产，仅苹果公司在我国就有近400家供应链企业，完整的供应链也有助于为各个产业中数字技术的更新迭代及应用实验提供创新便利和成本优势。二是技术优势。信息技术的持续迭代为数字经济增长注入了全新活力。近年来，我国在5G、人工智能、量子计算、物联网、区块链、大数据、VR/AR/MR、超高清等优势信息技术领域持续实现突破，并加快促进产业化应用，为数字经济的蓬勃发展提供了支撑。与此同时，数字技术突破和融合发展的赋能效应正在快速呈现，创新红利持续释放，有力地推动了对传统经济的渗透补充及其转型升级。三是后发优势。总体来看，我国产业数字化转型仍处于起步期，传统产业数字化程度还有待提高。与此同时，数字经济在不同区域之间、城乡之间发展不平衡问题日益凸显，偏远落后地区、农村地区还有大量的数字化需求未能得到满足，数字化的潜力十分巨大，有利于加快培育数字经济增长点、形成新动能。此外，我国原来经济体系建设中存在一些不完善的因素，经济体系较国际先进水平有较大差距，反而使得我国在数字经济发展过程中没有历史包袱，具有后发优势。典型的例子就是移动支付在中国的快速崛起。正是由于我国没有欧美国家那样发达便捷的信用卡支付体系，因此使得移动支付在中国异军突起。中国不必完全遵循西方国家数字化、网络化、智能化的发展路径，可以充分发挥后发优势，实现并联式跨越式发展，推动产业技术革命，直接打造中国智能制造。

(五) 丰富的人力资源

一是人才质量不断优化。随着人才强国战略的深入推进实施,我国教育体系日益优化,科技和创新人才队伍建设取得积极进展。近年来,我国人才优势不断积累,劳动力红利逐步向工程师红利转化,为数字经济的高质量发展奠定了雄厚的智力资本。此外,我国人才整体素质不断提高,人才的想象力、参与感、创造力和协作力持续提升,人才规模不断扩大,人才流动持续加快,人才队伍构成更加多元化,政府对各类人才服务、支持和管理的力度也进一步加大,这些都为数字经济发展提供了有力保障。二是人才吸引力逐步增强。当前,我国数字经济产值占 GDP 的比重接近40%,其增速远远超出 GDP 增速,从业人员约 2 亿人,在国民经济中的地位举足轻重,数字经济正在成为驱动经济增长、吸纳就业的新引擎。与此同时,我国还积极营造有利于人才成长的环境,在研究经费、个人税收、签证、户口、子女教育等方面提供优惠便利条件。从全球人才转移趋势来看,来华工作的国际人才日益增多,为提升我国数字经济的国际竞争力贡献了新的力量。

二、我国发展数字经济面临的挑战和障碍

(一) 数字经济关键技术缺失,基础研究薄弱

我国数字技术发展迅速,在 5G 通信、人工智能、区块链、云计算、大数据等技术领域虽然取得了不错的成绩,但是在一些核心技术上和在一些关键领域仍然存在短板,存在"卡脖子"的问题。工信部 2019 年调查研究发现,在数字经济领域,我国在高端芯片、嵌入式 CPU、存储器、量子器件、基础算法、工业软件等 300 多项关键核心技术上仍然受制于人。

以高端芯片为例，中芯国际目前的工艺生产水平为 14nm，而国际先进水平已经达到 5nm。

关键技术受制于人，反映出我国整体创新能力仍然欠缺。一是基础研究太过薄弱，缺乏原创性重大创新成果。根据 OECD 的数据，2015—2018年，我国基础研究投入占研发总经费的比重仅为 5％左右，而日本这一比重在 11％以上，美国则在 16％以上。企业基础研究投入占比更低，在 2018 年，中国企业研发投入中基础研究投入占比只有 0.22％，远低于日本的 7.81％和美国的 6.21％。二是我国数字经济创新人才匮乏。数字人才在各个领域缺口巨大，仅在人工智能领域缺口就达 30 万人。三是产学研深度融合的技术创新体系尚未健全。产学研合作中缺乏激励相容的成果和利益分配长效机制，条块分割的体制障碍和人才流动障碍制约了产学研深度融合①。四是知识产权保护体制也面临数字经济带来的新挑战。

（二）数字产业化发展不平衡不充分，市场还需进一步规范

在数字产业化取得巨大成绩的同时，发展不平衡不充分问题进一步显现。一是数字产业化多是商业模式创新，关键核心技术创新远远不够，持续创新能力有待提高，头重脚轻的问题亟待解决。二是信息基础设施建设不平衡不充分，整体服务质量还有待提升，服务价格还有待优化，中西部和东北地区仍然比较落后，海底与空间信息基础设施建设能力非常不足。三是产业互联网发展较为滞后。产业互联网起步较晚，传统互联网巨头转型效果不佳，专业化产业互联网公司体量与美国相比差距巨大，应用场景分布不平衡。四是平台经济发展亟待规范。传统经济发展不规范现象（如

---

① 杜传忠，任俊慧．中国制造业关键技术缺失成因及创新突破路径分析［J］．经济研究参考，2020（22）：10-18．

侵权假冒、虚假宣传等行为）在平台经济中被进一步放大，而平台经济需求端网络效应导致赢者通吃，市场高度集中，平台企业滥用市场支配地位问题凸显，平台企业与参与平台市场的经济主体之间矛盾突出。五是数据要素市场不完善，数据确权、数据安全、隐私保护和数据垄断等基本问题仍未找到合理的解决方案。

（三）企业数字化转型面临实际困难，产业数字化转型任重道远

从企业层面来看，企业数字化转型的短板主要有四方面：一是转型能力不够，数字人才储备不足，导致"不会转"；二是技术门槛高，技术基础差，业务创新能力不强，导致"不能转"；三是转型成本高，资金储备不足，转型认知度较低，导致"不愿转"；四是外部经济环境不确定性增强，数据安全隐患没有得到解决，导致"不敢转"。

从产业层面来看，数字化转型面临着如下问题：一是技术产业短板突出，数字平台技术规模效应不足，产业数字化程度较低，发展不均衡；二是数字产业化转型体系不健全、体制不完善，数据要素支撑不足，产权界定和产权保护问题亟待解决；三是跨界人才供给缺乏，需警惕结构性失业等风险；四是数字基础设施建设有待进一步夯实，数字产业与传统产业融合，数字技术与实体经济融合，信息技术、新基础设施建设与传统产业融合等有待进一步深入；五是网络安全问题需尽早解决。

（四）数字社会建设相对滞后，数字鸿沟问题进一步凸显

我国数字社会建设虽然已经取得阶段性进展，但仍面临基础设施建设不平衡不充分、数字化城乡建设有待加强、数字鸿沟仍然存在等诸多问题，亟待解决。一是国家层面的数字基础设施建设有待优化，信息基础设施、融合基础设施和创新基础设施建设均存在不平衡不充分的问题。二是智慧城市和数字乡村建设仍有较大发展空间，集中体现在顶层设计和统筹规划有待完善、政策落地程度有待提升、社会资本参与度有待提高等方面。三是数字化带来的数字鸿沟问题日益凸显，主要表现为"接入鸿沟"、"使用鸿沟"和"能力鸿沟"。一方面，不同区域间数字化程度存在差异。北京、上海、广州等经济领先地区的信息化发展水平明显高于其他地区，相比之下，仍有部分偏远地区尚未完全接入宽带网络，导致数字社会建设中仍然存在"盲点"和"盲区"。另一方面，不同人群的数字化能力也存在差异。目前仍有部分居民因为数字技能或知识有限，无法顺利使用数字技术，此类非网民群体常常在出行、消费、就医等日常生活中遇到不便，从而无法充分享受到社会数字化智能化转型带来的便利。

（五）数字政府建设有待完善，多部门协同联动有待加强

尽管数字政府建设正在如火如荼地进行，但数字化对政府组织结构和治理服务体系的优化作用还尚未完全显现，公共数据开发利用领域资源共享难、互联互通难、业务协同难等相关问题依然突出，全国层面的政府部门纵横联动能力相对较弱，新时代下数字政府的职能定位还需与时俱进。长期来看，我国的数字政府建设仍有较大的改进优化空间。

一是公共数据开发利用机制有待完善。目前，我国的数据中心整体建设和统一规划相对滞后，政府内部各区域各部门在数据层面的辅助决策和协调联动相对较弱，直接制约了数据资源的流通和利用，对实体经济的赋能带动作用也相对不足。二是政府部门的纵横联动能力有待提升。由于各区域经济发展水平不同，基层或落后地区数字基础设施建设较为落后，直接导致了数字政府建设中的碎片化现象，离实现全国一体化联动治理还有一段距离。三是数字政府的职能作用有待明确。数字技术催生的工业互联网、共享经济等新业态新模式在发展过程中涉及多部门协调，开展社会治理变得更加复杂和不可预知，仅仅靠政府力量开展市场监管、社会治理和提供公共服务远远不够，需要引导全社会共同参与。

（六）数字生态建设尚处于初级阶段，存在多类问题亟待解决

目前，我国数字生态体系构建尚不完善，数字经济发展过程中还面临着数据要素流动不畅、基础设施建设不完善、数字人才供给不充足等诸多问题，政府部门针对数字经济的监管治理也相对落后，网络安全和国际化发展方面还有较大改进空间。

一是数字经济发展过程中，产业发展所需的要素供给相对不足，主要体现在数据流通不顺畅、基础设施建设不完善以及数字经济人才供给不充足三大方面。二是政府部门针对数字经济的监管治理相对落后。近年来，以平台为核心代表的数字经济新业态快速发展，而由于监管政策和法律法规体系相对滞后，一系列问题相继涌现，而与此同时，包括执法规则、执法工具、执法过程与执法结果在内的执法体系却因为滞后于新业态新模式的发展而无法充分发挥作用，长期中将影响数字经济的健康发展和全社会福利水平的提升。三是网络安全保护能力亟须提升。近年来，数据泄露事件频繁发生，针对关键信息基础设施的攻击也时有发生，严重威胁着数字经济生态的正常运行，而我国在相关领域的法律法规体系尚不健全，网络安全领域的人才也略显不足。四是数字经济的国际化发展有待深化。受治理标准不统一和地缘政治风险的限制，我国数字经济企业的国际化发展步伐屡屡放缓，数字经济领域整体的国际化发展能力也亟待提升。

◀◀◀ 第三节 ▶▶▶

推动我国数字经济健康发展的政策建议

一、完善数字创新体系，攻克数字核心技术

创新为源，通过加大对基础研究的投入，强化基础研究。通过政府采购、税收优惠、金融支持等政策手段，加快科技成果转化，进一步支持企业提升自主创新能力。人才为本，通过加强关键学科建设，新设立以国家战略需求为导向、瞄准科技前沿和关键领域的急需学科。改革科研体制，充分调动科研人员积极性。提高高端人才待遇，大力引进顶尖、高端人才团队，加强创新人才培养过程中的国内区域合作和国际合作，培养高素质数字经济创新人才。体系支撑，通过构建激励相容的产学研成果和利益分配机制，改革高校科研评价体制，充分发挥企业创新的主观能动性，以重大项目为纽带，构建"多元、融合、动态、持续"的产学研协同创新模式与机制。法律保障，顺应数字经济发展潮流，扩大知识产权保护范围和更新频率，合理合法利用《反垄断法》等法律防止国际高科技公司对知识产权保护的滥用，适应开源创新体系，重视左产权保护。合作共赢，进一步推动科技创新的国际交流合作，构建自主创新和开放创新耦合协调的创新

体系。

二、进一步推进发展和规范并重的数字产业化

完善创新体系，通过完善政产学研深度融合的创新体系，完善知识产权保护体系，进一步保护模式和业态创新，通过加强反市场垄断和行政垄断来保持市场创新活力；进一步提高通信服务质量和降低服务价格，加快建设中西部和东北地区信息基础设施，布局海底和空间通信技术，推进信息基础设施平衡和充分发展；进一步推动产业互联网发展，通过加快中小企业数字化转型，鼓励平台企业和行业龙头企业建立产业互联网平台，完善产业互联网数据规则，构建共赢共建共享的产业互联网生态；规范平台经济，进一步加强平台经济反垄断，构建与数字经济相适应的反垄断框架，维护公平公正的市场竞争秩序，保持市场创新活力；完善数据要素市场建设，进一步明确数据要素确权、数据安全、隐私保护和数据反垄断等方面的规则，实现数据要素价值最大化。

三、正视企业数字化转型的实际困难，多措并举推动传统产业全方面进行数字化转型

从企业层面看，第一是加强数字化人才培养，多树立数字化转型样板，解决企业"不会转"的问题。第二是降低数字化转型的技术门槛和资金门槛，解决企业"不能转"的问题。第三是降低企业数字化转型成本，解决企业"不愿转"的问题。第四是优化宏观运行环境，完善数据安全规则，解决企业"不敢转"的问题。

从产业层面来看，要利用数字技术对传统产业进行全方位、多角度、

全链条的数字化改造。一是推进数字化技术改造、服务业数字化和工业互联网平台建设；二是政企协同双向发力，强化数据要素驱动；三是培养复合型跨界人才，完善社会保障体制；四是夯实传统基础设施建设，提升新型基础设施建设，形成融合共生新生态；五是加快制定与数字经济发展相配套的法律法规，完善法律保障，推动网络安全建设，推进国家数字创新试验区建设，实现数字化安全与数字化发展同步提升。

四、创新数字解决方案，全面推进数字社会建设

积极创新数字解决方案，应对社会问题新挑战。一方面，推动社会服务模式创新和均等化，以共建共享的模式统筹布局一批新型数字基础设施，协同推进智慧城市和数字乡村建设，通过数字化和智能化的分析处理改善城市和乡村健康、教育、公共安全、金融等领域的民生服务。率先解决部分落后区域宽带建设滞后、网络终端等硬件设施不完善等问题，着力缓解或消除地区间数字化发展不平衡问题，扩大优质社会服务辐射范围，进一步提升公众生活满意度。另一方面，高度重视全民数字技能的提升，构建提高全民数字技能的教育体系，健全数字人才培养机制，同时进一步降低数字技术使用门槛，加快解决日益凸显的数字鸿沟问题。此外，建立对重点方向的持续投入机制，完善社会各方多渠道支持格局，鼓励社会力量参与社会建设，并进一步引导市场探索数据等生产要素高效配置方法，创新服务模式和产品供给，拓展数字时代的消费新业态，推动数字经济新模式加快落地。

五、推进数字政府建设，提升政府治理水平

将数字政府建设作为政府实现数字化转型的载体，全方面提升政府治

理和公共服务的数字化、网络化、智慧化水平。一是加快推进公共数据开发利用，在盘活现有政务数据资源的基础上，推动数据跨业务、跨部门、跨层级、跨区域、跨系统的协同治理，同时加快政府数据开放平台建设，进一步优化公共数据共享利用体系。二是大力推动政务信息共建共用，加大政务信息化建设统筹力度，充分发挥国家数据共享交换平台的枢纽作用，持续深化政务信息系统整合，同时加快建设一体化政务大数据中心体系，持续深化"互联网＋政府服务"，以开放合作、集约建设的政企协同模式为发展思路，引导和支持社会各经济主体积极参与，有效利用社会化服务资源，共同推进数字政务建设的创新优化。三是全面提升数字政府的智能化水平，在政务服务、经济调节、社会治理和政府运行等领域重点发力开展数字化转型，以为人民服务为根本出发点，立足需求侧，根据群众和企业的需求创新供给侧的公共服务提供，构建普惠、便捷、高效的政府治理体系。

六、坚持数字化发展思路，构建数字生态体系

围绕数据要素价值化、数字治理与规则制定、网络安全与国际化发展等建设思路，构建数字生态体系。一是加速推进数据要素价值化进程，充分释放数据要素活力，完善数据要素资源体系，进一步激发数据价值，提升数据要素的赋能作用，提高数据要素配置效率。二是健全法律法规，营造规范有序、适宜数字经济高质量发展的政策环境，不断夯实数字经济产业发展基础，构建多方参与的数字生态系统，多措并举引导数字经济健康发展。三是更加重视网络与数据安全，加大网络安全投入力度，推进网络安全监测和安全防御能力建设，确保安全基础设施同步发展，打造数字生

态系统的安全保障体系，从而维护数字生态系统的正常运行。四是积极探索数字经济合作新模式，强化国际布局，推动开放合作，促进数据等各类创新生产要素在国家间高效流动，加快推动数字贸易布局发展，抓住历史发展新机遇，积极参与并主动影响数字贸易国际规则的制定，同时注意国内规则和国际规则的协同，为数字经济领域的国际治理提出中国方案，扩大在国际竞争中的话语权。

参考文献

［1］曹亮亮．数字政府升级和重塑的四个路径［J］．人民论坛，2019（23）：60－61.

［2］陈国青，曾大军，卫强，等．大数据环境下的决策范式转变与使能创新［J］．管理世界，2020（2）：95－105.

［3］陈文玲．科技战可能是拜登政府与中国博弈的主轴［EB/OL］．（2021－05－25）［2021－08－19］．https：//baijiahao. baidu. com/s？id＝1700715839038862049&wfr＝spider&for＝pc.

［4］董莹楠，杜庆昊．积极参与数字经济国际规则制定［EB/OL］．（2020－05－15）［2021－08－19］．http：//www. qstheory. cn/llwx/2020－05/15/c＿1125987835. htm.

［5］杜传忠，任俊慧．中国制造业关键技术缺失成因及创新突破路径分析［J］．经济研究参考，2020（22）：10－18.

［6］工信部．2020年软件和信息技术服务业统计公报［EB/OL］．（2021－01－26）［2021－08－19］．http：//www. stats. gov. cn/tjgz/tzgb/202106/t20210603＿1818129. html.

［7］郭朝先，刘艳红．中国信息基础设施建设：成就、差距与对策

［J］．企业经济，2020（9）．

［8］郭凯明，潘珊，颜色．新型基础设施投资与产业结构转型升级［J］．中国工业经济，2020（3）：63－80．

［9］郭滕达，周代数．区块链技术与应用发展态势分析：中美比较视角［J］．信息技术与网络安全，2020（8）：1－5．

［10］国家工业信息安全发展研究中心．2020人工智能与制造业融合发展白皮书［R/OL］．（2020－11－21）［2021－08－19］．https：//www.sgpjbg.com/baogao/61706.html．

［11］国家互联网信息办公室．数字中国发展报告（2020年）［R/OL］．（2021－06－28）［2021－08－19］．http：//www.cac.gov.cn/2021－06/28/c_1626464503226700.htm．

［12］国脉研究院．数字政府白皮书2.0［R/OL］．（2020－01－07）［2021－08－19］．http：//echinagov.com/report/271760.htm．

［13］国务院发展研究中心"国际经济格局变化和中国战略选择"课题组．全球技术变革对国际经济格局的影响［J］．中国发展观察，2019（6）：11－20．

［14］江小涓．以数字政府建设支撑高水平数字中国建设［J］．中国行政管理，2020（11）：8－9．

［15］习近平．决胜全面建成小康社会 夺取新时代中国特色社会主义伟大胜利：在中国共产党第十九次全国代表大会上的报告［EB/OL］．（2017－10－27）［2021－08－19］．jhsjk.people.cn/article/29613458．

［16］李三希．我国数字经济发展的主要特点和突出优势［J］．国家治理，2021（18）：3－7．

［17］柳俊．"双循环"新发展格局下的产业数字化转型［EB/OL］．（2021-08-14）［2021-08-19］．https：//www. sohu. com/a/483290010_100276736.

［18］陆峰．加快数字政府建设的七大要点［EB/OL］．（2018-04-26）［2021-08-19］．https：//news. gmw. cn/2018-04/26/content_28499224. htm.

［19］马长骏．把握数字政府建设的理念变革［EB/OL］．（2018-08-27）［2021-08-19］．http：//www. cac. gov. cn/2018-08/27/c_1123333481. htm.

［20］美国众议院．数字市场竞争状况调查报告［EB/OL］．（2021-01-17）［2021-08-19］．http：//www. 199it. com/archives/1134717. html.

［21］潘定，谢菡．数字经济下政府监管与电商企业"杀熟"行为的演化博弈［J］．经济与管理，2021，35（1）：77-84.

［22］前瞻产业研究院．2022—2027年中国人工智能行业市场前瞻与投资战略规划分析报告［R/OL］．［2021-03-15］．https：//doc. mbalib. com/view/a29e0d976e183 d91de6f21d67c6a9dd3. html.

［23］清华大学中国科技政策研究中心．中国人工智能发展报告2018［R/OL］．（2018-07-24）［2019-02-23］．http：//www. clii. com. cn/lhrh/hyxx/201807/P020180724021759. pdf.

［24］沈费伟，袁欢．大数据时代的数字乡村治理：实践逻辑与优化策略［J］．农业经济问题，2020，490（10）：82-90.

［25］国家统计局．数字经济及其核心产业统计分类（2021）［EB/OL］．（2021-06-03）［2021-08-19］．http：//www. stats. gov. cn/tjgz/

tzgb/202106/t20210603 _ 1818129. html.

[26] 腾讯研究院 . 中美 SaaS 比较：落后十年，十倍差距 [EB/OL].
(2021 - 03 - 02)[2021 - 08 - 19]. https：//tisi. org/17749.

[27] 吴静，刘昌新 . 健全数字生态，释放数字经济新动能 [EB /
OL]. (2021 - 05 - 17) [2021 - 08 - 19]. http：//finance. people. com. cn/
n1/2021/0517/c1004 - 32104989. html.

[28] 信息化协同创新专委会 . 数字经济核心科技深度报告 [EB/
OL]. （2020 - 10 - 12）[2021 - 08 - 19]. https：//blog. csdn. net/
r6Auo52bK/article/details/109039929.

[29] 徐梦周，吕铁 . 赋能数字经济发展的数字政府建设：内在逻辑
与创新路径 [J]. 学习与探索，2020 (3)：78 - 85.

[30] 徐晓新，张秀兰 . 数字经济时代与发展型社会政策的 2. 0 [J].
江苏社会科学，2021 (1)：11 - 23.

[31] 喻思南 . 以市场导向推动科技成果转化 [J]. 中国科技奖励，
2020，253 (7)：31 - 31.

[32] 于立 . 互联网经济学与竞争政策 [M]. 北京：商务印书
馆，2020.

[33] 詹国彬 . 以大数据思维推进国家治理现代化 [EB /OL]. （2020 -
04 - 15）[2021 - 08 - 19]. http：//www. cssn. cn/zx/bwyc/202004/t2020
0415 _ 5114163. shtml.

[34] 张建锋 . 数字政府 2. 0 [M]. 北京：中信出版社，2020.

[35] 张平文 . 数字生态将改变什么 [EB /OL]. （2020 - 10 - 12）[2021 -
08 -19]. https：//news. gmw. cn/2020 - 10/12/content _ 34257711. htm.

［36］中国信通院．互联网平台治理研究报告（2019 年）［R/OL］．（2019 - 03 - 01）［2021 - 08 - 19］．http：//www. caict. ac. cn/kxyj/qwfb/bps/201903/P020190301352676530366. pdf.

［37］中国信通院．数字时代治理现代化研究报告（2021）［R/OL］．（2021 - 03 - 02）［2021 - 08 - 19］．http：//www. caict. ac. cn/kxyj/qwfb/ztbg/202103/P020210302513072095209. pdf.

［38］中国信通院．中国数字经济发展白皮书（2020 年）［R/OL］．（2020 - 07 - 03）［2021 - 04 - 19］．http：//www. caict. ac. cn/kxyj/qwfb/bps/202007/P020200703318256637020. pdf.

［39］中国互联网络信息中心．第 47 次中国互联网络发展状况统计报告［R/OL］．（2021 - 02 - 03）［2021 - 08 - 19］．http：//www. cac. gov. cn/2021 - 02/03/c _ 1613923423079314. htm.

［40］周民．关于加快推进数字政府建设的若干思考［J］．信息安全研究，2020，62（11）：88 - 91.

作者简介

王化成

中国人民大学商学院教授，博士生导师。1988年起在中国人民大学会计系任教，现为中国人民大学首批聘任的杰出学者A岗教授，国家高层次人才特殊支持计划教学名师，教育部长江学者特聘教授，财政部首批会计名家，国家社科基金重大项目首席专家，全国会计专业学位研究生教育指导委员会副主任委员，中国会计学会副会长，中国成本研究会副会长。曾获教育部高校青年教师奖、国家级教学成果奖、宝钢优秀教师特等奖等诸多奖项。

刘俊彦

中国人民大学商学院副教授。主要从事财务管理学、会计学、投资学的教学与科研工作，研究方向为公司财务管理、证券投资、资本市场、公司治理、财务分析等。出版《财务管理学》《政府与事业单位会计》《财务管理机制论》等。

廖冠民

中国人民大学商学院教授，博士生导师，党委副书记。入选财政部全国会计领军（后备）人才、北京高等学校青年英才，兼任中国会计学会会计教育分会常务理事。主要从事财务管理、公司治理与财务会计等方面的教学和研究，论文发表于《会计研究》、《审计研究》、*Journal of Finance*、*Journal of Accounting and Economics*、*Review of Finance*等期刊，主持三项国家自然科学基金项目，获得孙冶方金融创新奖、*Review of Finance*最佳论文、北京市优秀博士论文等奖励。

中国人民大学"

会计学（第7版）
（"十二五"普

基础会计（原初
（"十二五"普

财务会计学（第
（"十二五"普

• 财务管理学（第
（"十二五"普

成本会计学（第
（"十二五"普

管理会计学（第
（"十二五"普

高级会计学（第

审计学（第9版
（"十二五"普

会计信息系统（
（"十二五"普

财务报表分析（

政府与非营利组